帝銀事件と日本の秘密戦

1948・1・26

山田 朗

yamada akira

新日本出版社

帝銀事件と日本の秘密戦　＊　目次

まえがき

帝銀事件の捜査

帝銀事件は、一九四八（昭和二三）年一月二六日に発生した銀行強盗殺人事件である。一二人が毒殺された日本犯罪史上に残る事件である。事件は八月にテンペラ画家・平沢貞通《さだみち》が容疑者として逮捕され、九月に犯行を「自白」した。裁判で平沢は一貫して無実を主張したが、一九五五年死刑が確定した。その後、再審請求が計一九回提起されたがいずれも棄却、死刑執行も釈放もされぬまま平沢は一九八七年五月、九五歳で獄死した。

この事件では、厚生技官を装った犯人が「赤痢の予防薬」と称して、銀行員たちに毒薬を飲ませた。その際、同じ「予防薬」を犯人自身が飲んで見せ、慣れた手つきで薬をピペットを使って茶碗につぎ分け、合図をして人びとに一斉に「予防薬」を飲ませ、数分後、毒薬が効いて行員たちがもだえ苦しむなかで、平然と現金・小切手を盗んだ。

事件の捜査では、この毒殺のやり方の特異性に注目が集まり、毒薬の取扱いに慣れ、人を計画的に殺害した経験をもつ旧軍関係者が疑われた。しかし、事件は数少ない「物証」である名刺から追跡していった警視庁の捜査班が平沢貞通を逮捕して思いがけない形で、その捜査は終結した。

だが、帝銀事件は、裁判と死刑確定後の再審請求の過程で、薬剤の素人にできる犯罪ではないとして、冤罪《えんざい》の可能性が叫ばれてきた。

厖大な捜査資料が示すもの

この事件には、捜査資料が残されている。この資料は、資料を残した警視庁捜査一課甲斐文助《かいぶんすけ》係長の名をとって『甲斐捜査手記』などと呼ばれるもので、全一二巻・概算三〇〇〇ページ・八〇万字の厖大なものである。この資料は、もともと甲斐氏の私的な覚書で、氏の所蔵物であったが、本書第一章に記したような事情で、現在は平沢貞通再審弁護団が所蔵している。『甲斐捜査手記』は、帝銀事件の特別捜査本部において、本部員と捜査員が発表した捜査報告のほとんどを鉛筆で走り書きしたものである。

この厖大な資料を読むと、八月二一日に平沢貞通が名刺班によって逮捕されるその日まで、平沢関係以外の、とりわけ日本陸軍の機関・部隊に関する捜査が続けられていたことが分かる。詳しくは、本書第一章に示したが、今回、私は、この資料を全体として調査し、どれほどの捜査報告があり、その捜査内容はどのように分類できるかを分析した。

一月二六日の事件発生から平沢逮捕の八月二一日までに、『甲斐捜査手記』には一七九九本（一本の報告で複数の項目に言及しているものもあり、総項目数は二〇六〇項目）の捜査報告が書き留められている。この二〇六〇項目を誰を聞き込み対象にしたかで、名刺関係者・衛生防疫関係者・軍関係者……など一六項目に分類すると、一番多かったのは、軍関係者に関する報告で七一六項目（全体の三五％）であった。

そしてその軍関係者に関する捜査報告の内容を、どのような軍機関・部隊に対する調査・捜査なのかで分類すると、七三一部隊・一六四四部隊・六研・九研・中野学校・軍医学校・特務機関……など二〇以上の機関・部隊に分かれることがわかった。これらの機関・部隊は、何らかの形で毒ガス・毒物・細菌などのいわゆる生物化学兵器にかかわるものである。日本陸軍という組織には、これほど多くの「秘密戦」にかかわる機関・部隊があったのかとあらためて驚かされる。おそらく、七月か八月の段階で、特捜本部がまとめたと思われる捜査対象となった軍機関・部隊の一覧をリライトしたのが次ページからの**表1**である。

【表1】『甲斐捜査手記』に添付された軍関係機関一覧表

秘

○参謀本部	（謀略戦特務機関）
第二造兵廠《しょう》「板橋」	（青酸瓦斯《ガス》弾）
第一造兵廠「広島」	（青酸瓦斯製造）
衛生材料廠	（青酸瓦斯の貯蔵）
陸軍獣医学校	（軍馬軍犬防疫、毒物の研究）
歩兵学校	（マスク関係）
砲兵学校	（弾丸内充填研究）
工兵学校	（防空壕）
○習志野《ならしの》学校	（瓦斯の防御並使用方法）
陸軍病院	
○憲兵隊	（個人謀略）
○南方軍防疫給水部	（松井蔚《しげる》関係〈注〉）
○一六四四部隊「中支軍防疫給水部」	（防疫給水　細菌謀略）
○七三一部隊「関東軍防疫給水部」	（防疫給水　細菌謀略）
習志野学校研究部	（青酸瓦斯研究）

五一六部隊　（満州チチハル　青酸瓦斯実施）
五二六部隊　（満州フラルギ　青酸瓦斯実施）
一〇〇部隊　（関東軍軍馬防疫廠）
陸軍軍医学校　（防疫給水部員養成）
中野学校　（特務機関員養成）
八六部隊（新京特設憲兵本部）　（特設憲兵隊）
陸軍糧秣《りょうまつ》廠　（青酸解毒剤（ハイポ）研究）
参謀本部二部　（情報謀略）
兵器行政本部　（青酸瓦斯並毒物兵器の取扱）
　第一研究所　（大砲弾薬）
　第三研究所　（工兵器材）
陸軍技術本部　○第六研究所　（青酸瓦斯研究）
　第八研究所　（防毒化学材料研究）
　○第九研究所　（毒物の研究）
中野実験隊「憲兵」（東京憲兵隊特設本部）　（毒物の研究）
海軍軍医学校　（東京築地）
海軍造兵廠　（神奈川県平塚）

○印は特に関係深きもの
海軍関係は未着手なるも考慮を要す

出典：『甲斐捜査手記』別巻（平沢貞通再審弁護団所蔵）三頁より作成。
注：帝銀事件のほぼ三ヶ月前、品川区にあった安田銀行を同様の手口で襲った未遂強盗事件で使われた犯人の名刺に「厚生技官　医学博士　松井蔚　厚生省予防局」とあった。松井は実在の人物で、犯人はその松井と以前に会っていて、名刺を入手していたと警察は断定した。

表1には、一見すると「秘密戦」とか生物化学兵器とは無関係とおもわれる機関・部隊名も出てくる。しかし、表中の（　）内の説明書きをみると、たとえば陸軍の食糧糧秣をあつかう陸軍糧秣廠でも「青酸」の解毒剤を開発・製造していたといったことで「秘密戦」に関係していた。

『甲斐捜査手記』を読んでいくと、捜査員たちは、表1に掲げた「秘密戦」にかかわる機関・部隊に属していた人物を訪ねて、年齢・人相・体格などで容疑者たりうるかを確かめた上で、軍隊当時の話を詳しく聴取する。そして、その人物から他の人物を紹介してもらい、翌日にはそちらを訪ねるといった日々をおくり、毎日、夕方には特捜本部でその日の成果（誰をシロとしたか、聞き込みの内容）を報告する。

そうするうちに、捜査員たちは、日本陸軍のさまざまな機関・部隊が、数多くの人体実験（捕虜等を対象とした毒ガス・毒物・細菌の実験）、人体実験をかねた謀殺（スパイなどの処刑）、抗日勢力の謀殺などに手を染めていたことを明らかにしていったのである。帝銀事件の捜査は、一面で、日本陸軍の「秘密戦」と戦争犯罪の実態を明らかにする一大調査であったと言ってもよい。

本書で明らかにするように、帝銀事件捜査陣は、戦時における日本陸軍の秘密戦機関・部隊のほぼ全容を捉えていた。今日では、七三一部隊や石井四郎の名前はよく知られているが、この七三一部隊ですら世間で知られるようになったのは森村誠一『悪魔の飽食』（光文社、一九八一年一一月刊）がきっかけだった。七三一部隊について学術書のレベルで最初に刊行されたものは、常石敬一《つねいしけいいち》『消えた細菌戦部隊』（海鳴社、一九八一年五月刊）で、さらに学術論文のレベルでは、常石敬一「旧日本軍の細菌兵器開発　上」（『科学朝日』四〇巻一〇号、一九八〇年一〇月）である。つまり、一九八〇年代初頭、戦後三五年以上が経過して、ようやく秘密戦機関・部隊の代表格である七三一部隊の実態が解明され始めたのである。したがって、戦後三年もたたない一九四八年の一月から八月の時期に、警視庁の捜査陣が日本陸軍の秘密戦機関・部隊のほぼ全容を把握したというのは、関係者がまだ多数存在していたにしても、旧軍の秘密は語らないと強く決意していた人も多かったことを考えると驚くべきことである。

なお、本書では「秘密戦」という用語を化学戦（毒ガス戦）・生物戦（細菌戦）・謀略戦（スパイ・謀略戦）を総称するものとして使用する。一般に、化学戦・生物戦は広義の秘密戦、謀略戦は狭義（本来）の秘密戦（防諜・諜報・謀略・宣伝）として捉えられるものであるが、本書を読み進んでいただければ、戦前の日本陸軍においては化学戦・生物戦・謀略戦が不可分一体のものであったことを理解していただけるものと思う。

本書の目的

本書の目的は四つある。

第一に、『甲斐捜査手記』の分析から帝銀事件に関与したと思われた軍関係機関・部隊に対する捜査の流れ（どの機関の捜査からどの捜査へと捜査が展開したのか）を明らかにすること。

第二に、捜査陣が明らかにした陸軍の「秘密戦」機関の全貌を示すこと。

第三に、捜査陣が明らかにした「秘密戦」機関の毒物研究と人体実験の内容を明らかにすること。

第四に、捜査の到達点と乗り越えられなかった壁が何であったのかを明らかにすること。すなわち、捜査を妨害するものが何であったのか、常套の犯罪捜査にどのような陥穽《かんせい》があったのかを推定することである。

『甲斐捜査手記』に関する先行研究

右のようなことを目的とする本書であるが、ここでお断りしておかなければならないのは、『甲斐捜査手記』について紹介したり、分析した著作は、すでにあるということである。刊行順に説明していこう。

まず、和多田進『新版　ドキュメント帝銀事件』（晩聲社、一九九四年）は、帝銀事件捜査と裁判の問題点を明らかにした著作で、和多田氏はこの中で、『甲斐捜査手記』の一部を翻刻《ほんこく》して紹介し、その特徴を読み解くとともに、甲斐文助氏のインタビュー記事も収めている。

次に、遠藤誠『帝銀事件の全貌と平沢貞通』（現代書館、二〇〇〇年）である。著者は弁護士で、平沢貞通弁護団の第四代団長である。本書は、帝銀事件とその一審・二審・三審・再審請求について詳しく説明するとともに、平沢貞通氏が獄中三九年の後に死去するまでの貴重な記録を収録している。この本は、『甲斐捜査手記』をどのような経緯で弁護団が所蔵するにいたったのかを説明し、あわせてこの資料の要所を解説・分析している。本書は、帝銀事件に関するＧＨＱ関係資料も収録した、帝銀事件研究のエンサイクロペディアともいうべき本である。

三番目は、常石敬一『謀略のクロスロード――帝銀事件捜査と７３１部隊』（日本評論社、二〇〇二年）である。本書は、これまでに刊行された本の中で、最も幅広く、かつ深く『甲斐捜査手記』を分析した研究書である。手記全体を読み込み、七三一部隊・一六四四部隊・六研・九研・特務機関など人体実験やスパイの謀殺などを掘り下げて分析し、とりわけ石井部隊の背陰河《ペイインホー》（ハルビン郊外）時代の人体実験・謀殺について明らかにした。本書は、七三一部隊研究の第一人者である常石氏による本格的研究で、帝銀事件に使われた毒物、犯人像、軍事科学にたずさわる研究者のあり方に関する考察において、私のこの本も本書から大いに学んでいる。

四番目は、森川哲郎『秘録　帝銀事件』（祥伝社文庫、二〇〇九年）である。本書は、『秘録　帝銀事件――平沢裁判の真相と謎――』（番町書房、一九七二年）の文庫版であるが、文庫化した際に、平沢貞通の養子で再審裁判をひきついだ平沢武彦氏が執筆した「『秘録　帝銀事件』後の新事実」が収録され、この中で「四、甲斐手記は語る」として『甲斐捜査手記』を分析し、松井蔚と南方軍防疫給水部の関係、七三一部隊・登戸《のぼりと》研究所における人体実験などが明らかにされている。

五番目は、塚本百合子「『甲斐捜査手記』より明らかになった旧日本陸軍の毒物研究とネットワークおよびGHQと交わされた〝ギブ・&・テイク〟」（『明治大学平和教育登戸研究所資料館　館報』第五号、同資料館、二〇一九年九月）である。本論文は、展示解説の形をとった本格的な『甲斐捜査手記』分析である。

こうした先行研究に学ぶことで本書は成り立っている。本書は、その個所で断っているが、これらの著作・研究と内容的に重なっている部分がある。だが、本書独自の特徴がないわけではない。

本書の特徴

本書の特徴は、第一に、先に掲げた本書の目的を達成するために、『甲斐捜査手記』の全文をあらためて読み込み、本部員と捜査員の全ての捜査報告（一七九九本、二〇六〇項目）をデータベース化し、軍関係の主要な報告の全文を検索可能な状態にした上で、捜査の流れと重点を数量的に明らかにしたことである。

特徴の第二は、こうしたデータベース化の結果、いつ、どの捜査員が、どの軍機関・部隊の誰と会い、どのようなことを聞き取ったのかを悉皆《しっかい》的に明らかにすることができたので、それを今度は、軍機関・部隊別に整理し直したことである。どの機関・部隊について捜査陣はどこまで明らかにしたのかの全体像を示すことができたと思っている。

特徴の第三は、帝銀事件捜査に立ちはだかった二つの壁を明らかにしたことである。第一の壁であるGHQ（米軍）による日本軍の軍事秘密の囲い込みについては類似の議論があるが、本書の結論はそれとはやや異なる。また、第二の壁である犯人の「変装」については、これまで指摘されたことがないと思われる独自の結論である。

＊　＊　＊

帝銀事件は、終わった事件ではない。現在、平沢貞通氏の名誉を回復するべく、第二〇次再審請求が行なわれている。本書が、旧日本陸軍がどのようなことをやってきたのかということ、帝銀事件という残虐な事件の真相、さらには一人の生きた人間を三九年にわたって獄舎に閉じ込め、生きてそこから出さなかった日本の司法のあり方に関心を持つ人びとに、何らかのインスピレーションを与えることができれば幸いである。

二〇二〇年六月二五日

山田　朗

第一章　帝銀事件捜査と『甲斐捜査手記』

1　帝銀事件とは

帝銀事件の発生

帝銀事件とは、終戦直後の日本でおきた犯罪史上に残る大事件（銀行強盗殺人事件）である。以下は、後述する『甲斐捜査手記』の記述にもとづく事件発生時の模様である。

一九四八（昭和二三）年一月二六日（月曜日）の午後三時すぎ、東京都豊島区長崎の帝国銀行椎名町支店に左腕に白腕章をつけた一人の中年男性が来訪した。男性は、「東京都衛生課並厚生省厚生部医員　医学博士○○」の名刺を差し出し、「近くで集団赤痢が発生した。進駐軍が消毒する前に予防薬を飲んでもらいたい」「感染者の一人がこの銀行に来ている」などと告げた。この時、その男性は進駐軍の実在する担当将校の名前、近所の感染者も実在の人物を挙げている。

男性は、銀行側に用意させた湯呑茶碗に液体の「予防薬」をピペットで注ぎ、行員と用務員一家一六名にそれを飲ませ、うち一二名が死亡した（生存者は四名）。犯人は、現金一六万四〇〇〇円余と小切手、合計一八万円余（米価換算で現在の五〇〇万円ぐらいに相当）を奪って逃走した。犯人が差し出した名刺（有力な物証となりえた）は、支店長代理が受け取ったが、犯人は犯行後に回収したらしく現場には残されていなかった。

この未曽有の大事件に対する警察の初動捜査は、禍根を残すものであった。現場から這い出した被害者が、外に助けを求めたことをきっかけに、被害者を救出しようと警察や不特定多数の者が現場を踏み荒らしてしまい、現場保存が不徹底だった。また、当初は警察官も集団食中毒と誤断し、不適切な方法で残存毒物を回収した（現場のありあわせのビンに液体を集めたが、そのビンの付着物と残存毒物が反応して別物質になった）ため、毒殺事件の決定的物証が消滅してしまった。さらに、当日の現場検証が不十分で、小切手盗難の確認は、換金された後で、犯人逮捕の絶好の機会を逸した（犯人は事件の翌日、小切手を換金していた）。

犯人とその動機、そして事件の背景

帝銀事件の捜査過程についてはこれから述べていくが、細部に入る前にこの事件の犯人とその動機、そして事件の背景について簡単にまとめておこう。

この事件は、毒物を使った銀行強盗殺人事件である。犯人は、防疫班員を装い、あらかじめ多人数を殺傷しうる分量の毒物を携行して来て犯行に及んでいる。これは、思いつきや通りすがりにできるものではなく、きわめて計画的（用意周到）であり、かつ薬物の取扱いに手慣れている。それは、犯行に使った薬物を薬瓶からピペットを使って手際良く、少量ずつつぎ分けていることからも明らかである。また、これから十数人の人を毒殺しようというのに、犯人は落ち着き払い、手を震わすこともなく、平然と事を成し遂げている。これは、殺人行為の経験者であることを強く推定させるものであり、のちに捜査当局が毒物による殺人の経験者である軍機関・部隊関係者に捜査を集中したのは、そのようになる必然性があったといえる。

それでは、この計画的大量殺人は何のためになされたものか。つまり、犯行の動機である。犯人は現金と小切手を盗み、逮捕される危険があったにもかかわらず、犯行の翌日に小切手を換金していることから金銭目的であったことは明らかである。しかし、単なる金銭目的であるならば、何故、あえてこのような大量殺人をおかす必要があったのか。実に大きな謎を秘めた事件である。

帝銀事件は、翌一九四九年に起きた下山・三鷹・松川事件のような政治的な背景がなさそうに見える事件である。だが、帝銀事件が起き、捜査が行なわれていた一九四八年の前半こそ、A級とBC級戦犯裁判が進行していると同時に、米軍による日本の秘密戦関係者の免責（秘密戦情報と引き換えに身柄を保障）が進展した時期であり、帝銀事件捜査の背景には、見えない形で占領政策の転換（民主化・非軍事化から反共の防波堤化）という地殻変動が起こっていた。これが、捜査にどのような影響を与えたのかが、解明されるべき重要な問題点である。本書においては、捜査当局が記録した『甲斐捜査手記』こそが、この見えない地殻変動が地上に姿を現しつつあったことの決定的証拠になるのではないか、との仮説のもとに検証を進めようと思う。

それでは、再び帝銀事件発生直後の状況に話を戻そう。

毒物の飲ませ方に特徴

毒殺事件の最大の物証である毒物の現物は失われたが、一二人の遺体を解剖した東京大学と慶應義塾大学の両医学部の共通見解として、使用されたのは青酸化合物であることは確かであった。

だが、それよりも捜査当局が注目したのは、犯人による毒物の特異な飲ませ方であった。四人の生存者の証言によれば、毒物は第一薬と第二薬の二回に分けて与えられた。犯人は、第一薬を薬ビンから駒込ピペットで少量ずつ（五ccくらい）茶碗に入れ、この薬は、「歯の琺瑯《ほうろう》（エナメル）質を傷めるから舌を出して飲むように」と指示して、自分もそのようにして飲んでみせた。一六人に一斉に第一薬を飲ませた後、腕時計を見て一分の時間をはかり、第二薬を薬ビンから直接、茶碗に注ぎ、これも一六人に一斉に飲ませた。

生存者の証言によれば、第一薬を飲むと強いウイスキーを飲んだような胸が焼けるような感覚になり、その後（一分後）につがれた第二薬を飲んだが、多くの者がうがいをしに洗面所に走り、その直後、次々と倒れて意識を失った。

使用された毒物の特徴

捜査当局は、この第一薬・第二薬という二種類の液体の使い方、自分も飲んでみせ、一六人に一斉に飲ませるという特異なやり方に注目したが、状況証拠（飲んでから死に至る経過）から毒物が何であったのか、ということを解明しようとした。

しかし、第一薬のみで毒性完成か、第二薬までふくめて完成かで、毒物の性格は全く異なってくる。捜査陣は、次第に、毒物は第一薬のみで、第二薬は被害者を犯人のもとに留めておくための時間稼ぎであったのではないか、との認識に傾くが、第一薬のみが毒物ならば、犯人が飲んでみせたのはトリックか、あらかじめ、あるいは直後（第二薬）に解毒剤（中和剤）を飲んだのか、解明すべき点が残された。しかも、被害者の多くが、第一薬を嚥下《えんげ》してから効果が表れるまで二〜五分ほどかかっていることから、毒物は飲んですぐに人を絶命させる超即効性のものでないことが想定された。これは、毒物そのものがやや遅れて効力を発するものなのか、毒物の濃度が薄く、効果が出るのが遅れたのか、その場合、犯人の計算によるものなのか、偶然なのか、不明な点がいくつもあった。

初期の捜査の重点

一月二六日の事件当日、目白署に特別捜査本部（以下、特捜本部）が設けられ、深夜にさっそく捜査本部会議が行なわれた。そこでの報告によれば、入院中の生存者からの事情聴取によって、犯人の人物像は、年齢四四〜四五歳、身長五尺二寸（一五八㎝）くらい、「好男子」「落ち着いた人格者」という印象で、短髪白毛交りというものであった（年齢は、のちの捜査の中で、五〇歳前後に修正される）。「好男子」「落ち着いた人格者」は、多分に主観的なものであるが、年齢・身長・短髪白毛交りという特徴は、これ以降の犯人捜査の最も基本的な指標になる。

この第一回特捜本部会議において、捜査にあたる警視庁捜査一課と所轄警察署の刑事たちは、本事件の犯人像をそれぞれに出し合った。そこで出た意見を分類すると次のようなものになる。

① 物取り（計画的強盗殺人）
② 進駐軍出入の者（実際に米軍ジープが近くまで来ていた。実在の米軍将校の名を使った）
③ 衛生・防疫関係者（インテリ風、薬品・医学の知識がある）

④　共犯者（黒幕）が必ずいるはず
⑤　詐欺的手腕のある者（銀行の内部事情に詳しい）、前科がある

ＧＨＱに関係があり、薬品・医学に知識があり、銀行の内部にも通じている。しかも、年齢・身長・身体的特徴がハッキリしている、ということで、犯人は早期に絞り込めるのではないかとの感触であった。

このうち⑤の「詐欺的手腕」「前科がある」という意見から、「類似事件があるのでは」ということになり、(1)さっそく警視庁管内に照会された。

二つの未遂事件の存在

調査の結果、刑事たちの推理どおり帝銀事件には、二件の類似未遂事件があることが判明した。

一件目は、前年の一九四七年一〇月一四日（火）、品川区の安田銀行荏原《えばら》支店で、二件目は帝銀事件の一週間前、一九四八年一月一九日（月）、新宿区の三菱銀行中井支店で起こっていた。二件とも、銀行の窓口業務終了直後の犯行で、近隣での集団疫病の発生を理由にあげ、進駐軍の消毒班の存在を指摘し、「予防薬」を飲ませようとしていた。二種類の薬剤を用意し、飲み方を指導するなど、帝銀事件と同様であったが、一件目の安田銀行では、実際に行員たちに薬剤を飲ませたものの、何も起こらず、人的にも金銭的にも被害はなかった。二件目の三菱銀行では、行員に疑われ、犯人は小切手に

「消毒薬」を吹きかけただけで逃走し、ここでも被害はなかった。

帝銀事件と異なるのは、この二件の未遂事件では遺留品があったことだ。一件目の安田銀行では犯人は、「厚生技官　医学博士　松井蔚《しげる》　厚生省予防局」という名刺（以下、「松井名刺」）を、二件目の三菱銀行では「厚生省技官　医学博士　山口二郎　兼東京都防疫課」という名刺（以下、「山口名刺」）を残している。一件目の「松井名刺」の松井蔚は実在の人物で、名刺も本人が配った実物であった。二件目の「山口名刺」の山口二郎は架空の人物で、名刺は犯人が銀座の露店の名刺屋に作らせたものであった。帝銀事件自体では、犯人は名刺をみずから回収したと思われるので、この二枚の名刺が、数少ない物証ということになった。このうち「松井名刺」は、名刺を使われた松井蔚自身が、名刺の交換記録をつけていたこともあり、松井との接触者の洗い出しに力が注がれることになる。

なお、帝銀事件の生存者と二件の未遂事件の目撃者によって、犯人の人物像はやや拡大して年齢四二歳～五二歳、身長五尺一寸～四寸（一五五cm～一六四cm）、短髪白毛交りという特徴はほぼ変わらなかった。なお、三つの事件を通じて、現れた男性はいずれも無帽であった。なお、小切手交換に現れた人物は、帽子・眼鏡などで明らかに変装しており、人相は判明しなかったが、小切手の裏書きの文字を物証として残している。

2　『甲斐捜査手記』の存在

『甲斐捜査手記』とは

帝銀事件の起こった当時、日本は連合国軍によって占領されており、治安維持の責任者はGHQ公安局であった。だが、実際の捜査の主役は、警視庁の捜査一課であった。藤田次郎刑事部長は、捜査の中心に殺人事件を担当する捜査一課をすえ、通常、経済事案などをあつかう捜査二課に一課を支援させた。具体的には、捜査一課が捜査の主力であり、その中に名刺班を、捜査二課は投書・密告の処理にあたる一方、捜査二課の中に軍関係の捜査専従の秘密捜査班（成智《なるち》班）を置いた（後述）。また、捜査には東京地方検察庁も加わった（次頁図参照）。

図・帝銀事件の捜査陣

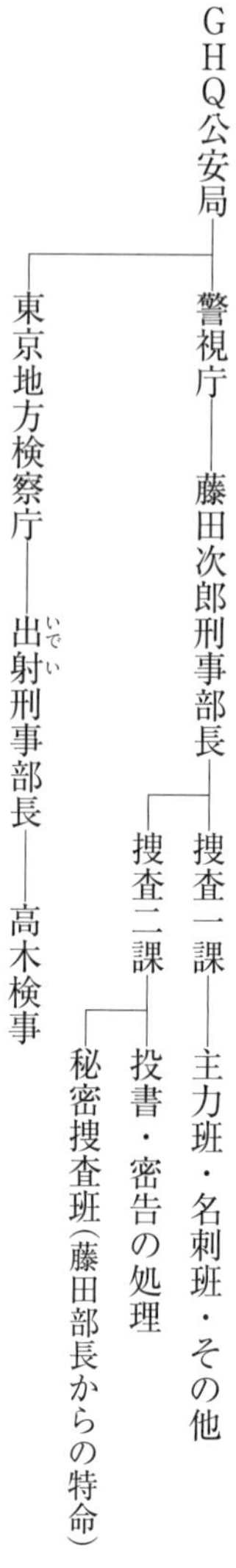

前述のように、特捜本部は目白署に置かれ、堀崎繁喜《ほりさきしげき》捜査一課長が陣頭で指揮をとった。その捜査本部で、捜査情報を集約し、刑事の役割分担を指示していたのが、捜査一課・甲斐文助係長であった。

甲斐係長は、事件が起こった一月二六日から一〇月八日までの二五七日間を全一二巻の捜査手記に残した。これを以後、『甲斐捜査手記』と記す。

『甲斐捜査手記』は、警察の公文書ではなく、あくまでも甲斐係長の個人的なメモであるが、特捜本部での報告の全てを記録したものである（表2）。ただし、捜査一課の名刺班と捜査二課の秘密捜査班の記録は基本的に除かれている。

『甲斐捜査手記』のほとんどは、横位置のB5判わら半紙に鉛筆で縦に走り書きしたものである。

【表2】『甲斐捜査手記』の構成・分量

巻数	捜査期間	捜査日程（表紙記載）	捜査日程（実際の日程）	ページ数
第1巻	1月26日～2月9日	捜査15日程まで	15日程まで	226頁
第2巻	2月10日～2月20日	捜査26日程まで	26日程まで	236頁
第3巻	2月21日～3月19日	捜査50日程まで	51日程まで	256頁
第4巻	3月20日～4月25日	捜査81日程まで	82日程まで	315頁
第5巻	4月26日～5月15日	捜査97日程まで	98日程まで	176頁
第6巻	5月16日～6月8日	捜査108日程まで	118日程まで	208頁
第7巻	6月9日～7月17日	捜査146日程まで	152日程まで	290頁
第8巻	7月19日～8月25日	捜査175日程まで	186日程まで	266頁
別　巻	2月23日～8月14日 甲斐係長が聴取できなかった分			316頁
以上合計				2,289頁
第9巻	8月27日～9月2日			164頁
第10巻	9月3日～10月1日			402頁
第11巻	10月2日～10月8日			32頁
総合計				2,887頁

出典：『甲斐捜査手記』全12巻（平沢貞通弁護団所蔵）より作成。
注：第1巻～第8巻の捜査日程は、各巻の表紙に記載されているものであるが、実際の捜査日程とは異なる場合がある。第9巻以降は、平沢貞通に対する裏付け捜査。

一ページあたり平均すると二七五文字ほどであるので、一月二六日の捜査開始から八月二五日までの第一巻から第八巻と別巻をあわせた分量は、二二八九ページ、六二万九五〇〇字（四〇〇字換算で一五七四枚分）である。

なお、平沢貞通《さだみち》の逮捕は、八月二一日で、この日まで、軍関係などの平沢以外の捜査報告は行なわれていたが、翌二二日以降は、平沢関係以外の記述はなくなる。平沢の裏付け捜査分である第九

『甲斐捜査手記』

巻から第一一巻の合計五九八ページを含めた『甲斐捜査手記』の総量はさらに厖大で、二八八七ページ、七九万三九〇〇文字（四〇〇字換算で一九八五枚）にのぼる。

『甲斐捜査手記』が残された経緯

この厖大な『甲斐捜査手記』は、帝銀事件捜査後も甲斐文助氏の手許に置かれていたが、甲斐氏の警視庁退職後、甲斐氏の依頼で、氏の友人であり、化学の専門家である稲葉康夫氏に寄託された。公文書ではない捜査資料が、捜査員の手許に置かれているのはよくあるケースのようである。甲斐氏が稲葉氏にこの資料を託したのは、帝銀事件で使われた毒物の検証のためであるとされている。その後、甲斐氏が亡くなり、『甲斐捜査手記』は、稲葉氏の顧問弁護士であった保持《やすもち》清弁護士が管理するところとなり、一九八七年秋に保持弁護士も加わっていた平沢貞通弁護団の団長であった遠藤誠弁護士のもとに移管された(2)。この年五月一〇日、平沢貞通死刑囚は、八王子医療刑務所で九五歳で亡くなったが、遠藤弁護団長は、再審請求のためにこの『甲斐捜査手記』を活かそうと、団長の弁護士事務所と団長夫人、平沢裁判を受けついだ平沢武彦氏らとともに、この走り書きの手記の解読を進め、たいへんな努力の末に、一九八九年春にその解読（リライト）を終えた。そして、再審裁判に必要だと思われた第一巻から第八巻については、ワープロで原稿化した。

現在でも平沢貞通弁護団の許可を得れば、『甲斐捜査手記』の現物を閲覧することは可能であるが、年月の経過のためにもともと質の悪かった紙の劣化は極限まで進み、今日では原資料を直接に閲覧することは不可能な状態である。だが、弁護団がたいへんな苦労をして残した、原資料のコピーと第一巻から第八巻までのワープロ起こし原稿、第九巻から第一一巻までの手書き起こし原稿、これら全ての電子版（ＰＤＦデータ）を閲覧することは可能である（別巻は原資料のＰＤＦデータのみ）。

本書は、弁護団から特別の許可をいただき、第一巻から第一一巻と別巻の原資料とワープロ原稿（第一巻から第八巻）・手書き原稿（第九巻から第一一巻）、これら全てのＰＤＦデータの提供を受け、分析を進めることができた。弁護団の想像を絶する判読作業がなければ、原資料のＰＤＦデータだけでは、何年かかっても私は分析を進めることはできなかったであろう。それでも、原資料から読み解くという歴史学の原則にしたがって、私は、すべての原資料ＰＤＦデータに目を通し、ワープロ原稿（あるいは手書き原稿）で判読不明とされている文字は、原資料のＰＤＦデータに立ち返って改めて確認し、判読が可能だった部分については、新たに文字化した上で、検証した。

3 『甲斐捜査手記』の数量的分析

すでに本書の「まえがき」で触れたように、『甲斐捜査手記』の部分的紹介と分析は、和多田進『新版 ドキュメント帝銀事件』(晩聲社、一九九四年)、遠藤誠『帝銀事件の全貌と平沢貞通』(現代書館、二〇〇〇年)、森川哲郎『秘録 帝銀事件』(祥伝社文庫、二〇〇九年)においてなされており、さらに、常石敬一『謀略のクロスロード――帝銀事件捜査と731部隊』(日本評論社、二〇〇二年)と塚本百合子「『甲斐捜査手記』より明らかになった旧日本陸軍の毒物研究とネットワークおよびGHQと交わされた〝ギブ・&・テイク〟」(『明治大学平和教育登戸研究所資料館 館報』第五号、二〇一九年九月)は、『甲斐捜査手記』全体を詳細に分析し、七三一部隊を中心とする日本の生物戦部隊における人体実験の実態について明らかにしている。本書は、これらの先行する業績が明らかにしていることに学びながら、あらたな分野で分析を深めたい。捜査陣が、具体的にいつ、どのような問題を解明したか、という点は後述するとして、まずは、『甲斐捜査手記』を数量的に分析し、帝銀事件の捜査の特徴を明らかにしたい。

報告の数量的分析①：期別の報告数

特捜本部では、毎日、本部情報として捜査員に対する情報提供がなされるとともに、捜査から帰った捜査員による捜査結果報告が行なわれる。捜査員は、原則として警視庁捜査一課の刑事と所轄の刑事の二名が一組となって捜査にあたる。上司からの指示と二人の相談によって、どのような課題に対応するのかを決める。朝の会議の後、それぞれの組の持ち場の捜査にあたり、夕方、その日の捜査結果を特捜本部の会議において報告する。報告の内容は、多岐におよぶ場合もあるが、毎日の一組の捜査員の捜査結果報告を一本と数えると、報告の合計は、事件発生＝捜査初日の一月二六日から平沢貞通逮捕の八月二一日までの間に一七九九本あった。捜査休日を除いた、この間の捜査実働数を「捜査日程」といい、それは一月二六日の捜査開始から、八月二一日まで一八二日程であったので、一日平均で九・九本の報告があった計算になる。捜査は、実働二〇日を一期としているので、全体で九期に区分でき、一期ごとの捜査報告数は、表3のとおりである。

全九期・一八二日程において、第1期から第4期（八〇日程まで）までは、期ごとの報告本数は一日平均一三・八本から一二・四本、九・七本、八・二本へと逓減した後、第5期（八一から一〇〇日程まで）に一旦、一日平均一〇・七本まで上昇し、その後、第6期・第7期（一四〇日程まで）まで再び逓減して第7期は一日平均七・四本となる。その後、第8期・第9期（一八二日程まで）と増加し

【表3】帝銀事件の捜査日程と捜査報告数（1期＝20日、第9期のみ22日）

期　数（捜査日程）	期　間（日程外の休日）	報告本数	1日平均
第1期（20日程迄）	1月26日～2月14日（0日）	275	13.8
第2期（40日程迄）	2月15日～3月 6 日（1日）	248	12.4
第3期（60日程迄）	3月 7 日～3月30日（4日）	194	9.7
第4期（80日程迄）	3月31日～4月22日（3日）	163	8.2
第5期（100日程迄）	4月23日～5月18日（6日）	214	10.7
第6期（120日程迄）	5月19日～6月10日（3日）	196	9.8
第7期（140日程迄）	6月11日～7月 3 日（3日）	148	7.4
第8期（160日程迄）	7月 4 日～7月26日（2日）	164	8.2
第9期（182日程迄）	7月27日～8月21日（4日）	197	9.0
合　計	（26日）	1799	9.9

出典：警視庁捜査一課甲斐文助係長『捜査手記』第1巻～第8巻、別巻（平沢貞通弁護団所蔵）より作成。

注：期数は、捜査日程（実働日）20日ごと（捜査をしない休日は含まない）。

て最終期は一日平均九・〇本に落ち着く。すなわち、報告本数で見る限り、第1期・第5期・第9期に山が形成されていることが分かる。

報告の数量的分析②：期別の報告内容・捜査対象

前述したように、全一八二日程において一七九九本の報告が捜査本部でなされたのであるが、一本の報告の中で複数の項目に触れられることがある。例えば、一組の捜査員が、軍関係者について捜査し、さらに医師について聞き込みをした、というような場合、報告本数としては一本であるが、軍関係者と医師の二項目について報告したということになる。そのため、報告本数は全部で一七九九本であるが、報告された全項目（内訳）は二〇六〇項目となる。
それをやはり捜査期ごとに区分して、どのような捜査項目（報告内容・捜査対象）が報告されたのかを示したのが表4である。

全九期・一八二日程において報告された項目は、二〇六〇項目で、項目別の上位五項目を数と割合で見てみると、①軍関係者七一六（三五％）、②似寄《により》・通報・投書三四八（一七％）、③地取り・足取り二四〇（一二％）、④医師・薬剤師・獣医一六三（八％）、⑤衛生防疫関係者一三五（七％）となる。なお、「似寄・通報・投書」とは、犯人に似た人物の情報がさまざまな方法で寄せられ、その真偽の捜査のことを指し、「地取り」とはあらかじめ決められた地域において聞き込みをすることをいう。

この数字を見る限り、帝銀事件の捜査は、軍関係者に関する報告（項目）が三五％を占めており、それを重点とした捜査であったことが数字の面でも明らかである。

しかしながら、全体を見ると、軍関係者に関する報告が多かったことは確かだが、捜査の最初から軍関係に重点が置かれていたわけではないことも分かる。

再度、表4によって各期別の報告上位三項目の占める割合を確認すると次のようになる。

第1期：①似寄・通報・投書、②地取り、③名刺関係の報告で62％（187／302）
第2期：①似寄・通報・投書、②地取り、③衛生防疫関係の報告で58％（190／329）
第3期：①軍関係者、②似寄・通報・投書、③医師・薬剤師の報告で67％（147／221）

【表4】捜査期別・捜査報告の内容・捜査対象の変遷

捜査期	第1期 1/26～	第2期 2/15～	第3期 3/7～	第4期 3/31～	第5期 4/23～	第6期 5/19～	第7期 6/11～	第8期 7/4～	第9期 7/27～	合計
捜査報告本数	275	248	194	163	214	196	148	164	197	1799
報告内訳（報告内容・捜査対象の項目）										
名刺関係	**35**	34	2	0	0	3	5	2	0	**81**
犯人持物	15	17	6	1	0	2	0	0	0	**41**
衛生防疫関係者	18	**40**	5	4	2	10	12	**20**	**24**	**135**
医師・薬剤師・獣医	6	29	**23**	4	13	10	2	**23**	**53**	**163**
医薬品・毒物取扱者	0	0	5	4	7	**16**	17	0	4	**53**
銀行関係者	0	1	15	0	0	0	0	0	0	**16**
引揚者	27	23	9	3	0	3	0	2	7	**74**
軍関係者	5	6	**79**	**112**	**151**	**118**	**65**	**99**	**81**	**716**
似寄・通報・投書	**87**	**95**	**45**	**34**	**28**	12	**18**	17	12	**348**
詐欺前科者	6	0	5	5	3	2	3	0	11	**35**
的屋・香具師	0	0	0	0	0	3	14	1	4	**22**
GHQ 関 係者	11	12	7	0	0	0	0	0	0	**30**
地取り・足取り	**65**	**55**	12	**20**	**17**	**29**	**22**	11	9	**240**
写真鑑定・面通し	0	4	2	6	4	6	3	3	2	**30**
捜査情報	27	4	0	1	1	0	1	0	0	**34**
その他	0	9	6	3	6	2	2	9	5	**42**
内訳（項目）合計	**302**	**329**	**221**	**197**	**232**	**216**	**164**	**187**	**212**	**2060**

出典：警視庁捜査一課甲斐文助係長『捜査手記』第1巻～第8巻、別巻（平沢貞通弁護団所蔵）より作成。

注：報告本数は、原則二人一組の捜査員がその日に捜査本部で報告した本数。報告内訳は、報告内容や捜査対象によって分類したもので、報告1本に異なる内容・対象について複数項目が含まれることがあるため、各期の報告本数と内訳合計は一致しない。

各期の上位3位までをゴチックにしてある。

第4期：①軍関係者、②似寄・通報・投書、③地取りの報告で84％（166／197）
　軍関係だけで36％（79／221）
第5期：①軍関係者、②似寄・通報・投書、③地取りの報告で84％（196／232）
　軍関係だけで57％（112／197）
第6期：①軍関係者、②地取り、③医薬品・毒物取扱者の報告で75％（163／216）
　軍関係だけで65％（151／232）：数・割合とも最大
第7期：①軍関係者、②地取り、③似寄・通報・投書の報告で64％（105／164）
　軍関係だけで55％（118／216）
第8期：①軍関係者、②医師・薬剤師、③衛生防疫関係者の報告で76％（142／187）
　軍関係だけで40％（65／164）
第9期：①軍関係者、②医師・薬剤師、③衛生防疫関係者の報告で75％（158／212）
　軍関係だけで53％（99／187）
　軍関係だけで38％（81／212）

帝銀事件の捜査の初期には、事件が新聞などで大きく報道されたことから、市民から多くの情報が特捜本部に寄せられて、その真偽を確認するための捜査に多くの捜査員が投入されたので、「似寄・通報・投書」の項目が多く、また、初期捜査の基本が「地取り」である以上、その項目が多くなるのは当然の成り行きであった。この二項目を除くと、第1期はやはり、数少ない物証の一つである名刺（とりわけ「松井名刺」）に関する報告が多く、第2期には、犯人が扮《ふん》した衛生・防疫関係者に関する報告が多かったことがよく分かる。

捜査の様相が大きく変化するのは、第3期からで一躍、軍関係者に関する捜査報告が増加する。軍関係の報告は、項目数・割合ともに、第4期・第5期と増え続け、第5期がピークになる。

このように見ると、前述した第1期〜第4期にかけての報告本数の逓減は、捜査の停滞ではなく、捜査初期の雑多な情報に対する対応から、捜査の焦点が軍関係に定められたことによるものであるといえるだろう。第5期〜第7期の報告本数上昇と逓減は、軍関係者に関する報告が増加・減少したことがそのまま全体の傾向に反映したものである。また、第8期〜第9期の報告本数逓増は、医師・防疫関係報告が増加したことによるものと考えられる。

報告の数量的分析③：期別の「軍関係者」捜査の焦点

第3期から第9期まで、軍関係者に関する報告が最も大きな割合を占めたことは、明らかであるが、軍関係のどの機関・部隊に捜査の関心は向けられていたのかを表5によって見てみよう。

捜査員の毎日の「軍関係者」に関する報告の中には、複数の機関・部隊について報告がなされることがある。たとえば、捜査員の同じ組が、七三一部隊と軍医学校について触れる場合がある。したが

【表５】捜査期別・軍関係捜査の変遷

捜査期	第１期 1/26～	第２期 2/15～	第３期 3/7～	第４期 3/31～	第５期 4/23～	第６期 5/19～	第７期 6/11～	第８期 7/4～	第９期 7/27～	合計
軍関係者報告数	5	6	79	112	151	118	65	99	84	716
軍機関別内訳										
陸軍科学研究所	－	2	1	1	－	－	－	－	－	4
六研	－	2	33	36	18	1	－	4	－	94
七研・八研	－	－	－	－	－	－	－	4	8	12
九研	－	－	3	12	19	21	14	19	7	95
陸軍兵器行政本部	－	－	－	－	－	－	－	13	4	17
七三一部隊	－	－	6	25	45	36	30	26	6	174
一六四四部隊	－	－	－	4	21	20	17	1	－	63
その他防疫給水部	2	－	－	－	4	1	－	1	1	9
一〇〇部隊	－	－	－	－	15	2	－	－	－	17
五一六・五二六部隊	－	－	11	18	3	－	－	－	－	32
陸軍軍医学校	－	－	3	2	4	1	6	20	15	51
陸軍獣医学校	－	－	1	－	1	－	－	1	10	13
習志野学校	－	－	20	－	－	－	1	－	9	30
中野学校	－	－	－	1	15	8	－	1	－	25
八六部隊	－	－	－	－	－	－	－	14	3	17
憲兵隊	－	－	－	－	－	－	－	1	1	2
特設憲兵隊	－	－	－	－	1	－	－	－	17	18
特務機関	－	－	－	6	4	10	1	－	1	22
陸軍衛生材料廠	－	1	1	3	2	－	－	－	－	7
陸軍糧秣廠	－	－	－	－	－	16	－	－	－	16
陸軍造兵廠	－	－	－	－	－	－	－	－	4	4
その他	3	3	8	8	6	2	1	4	2	37
内訳合計	5	8	87	116	158	118	70	109	88	759

出典：警視庁捜査一課甲斐文助係長『捜査手記』第１巻～第８巻、別巻（平沢貞通弁護団所蔵）より作成。

注：軍関係者報告数は、捜査員がその日に捜査本部で報告したものの中に含まれていた軍関係に限定した項目数。軍機関別内訳は、捜査員の一本の報告に複数の軍機関が含まれることがあるため、各期の軍関係者報告数と軍機関別内訳の合計は一致しない。

って、全期間の「軍関係者」に関する報告は、七一六項目であるが、その内訳は七五九細項に達している。

表5によれば、捜査全期間を通じて、報告された上位五機関・部隊は、次のとおりである。

①	七三一部隊（関東軍防疫給水部）	174（23％）	
②	第九陸軍技術研究所（九研・登戸研究所）	95（13％）	
③	第六陸軍技術研究所（六研）	94（12％）	上位3機関363（48％）
④	一六四四部隊（中支那防疫給水部）	63（8％）	
⑤	陸軍軍医学校	51（8％）	上位5機関477（63％）
⑥	その他	37（5％）	
⑦	五一六部隊（五二六部隊含む）	32（4％）	
⑧	陸軍習志野学校	30（4％）	
⑨	陸軍中野学校	25（3％）	
⑩	特務機関	22（3％）	上位9機関586（77％） （その他を除く）

これを見ると、報告項目の四分の一近くが七三一部隊についてであり、七三一・九研・六研の上位

三機関だけで半分近くを、ここで示した九機関（その他を除く）で全体の八割近くを占めていることがわかる。

さらに、「軍関係者」に関する報告が、トップを占める第3期から第9期において、それぞれの期別の報告数上位三機関を見てみよう。

第3期（3／7～）：①六研33、②習志野学校20、③五一六部隊11の報告で74％（64／87）
　習志野学校を発端に六研に注目が集まる
第4期（3／31～）：①六研36、②七三一部隊25、③五一六部隊18の報告で68％（79／116）
　六研・五一六部隊のピーク、七三一部隊の急増
第5期（4／23～）：①七三一部隊45、②一六四四部隊21、③九研19の報告で54％（85／158）
　七三一・一六四四のピーク、九研の再増加
第6期（5／19～）：①七三一部隊36、②九研21、③一六四四部隊20の報告で65％（77／118）
　軍関係減少傾向、六研・一〇〇部隊の捜査はほぼ終了
第7期（6／11～）：①七三一部隊30、②一六四四部隊17、③九研14の報告で87％（61／70）
　軍関係さらに減少、七三一部隊・一六四四部隊・九研が中心
第8期（7／4～）：①七三一部隊26、②軍医学校20、③九研19の報告で60％（65／109）
　軍関係再び増加、七三一部隊・軍医学校・九研が中心

第9期（7／27～）：①特設憲兵隊17、②軍医学校15、③獣医学校10の報告で48％（42／88）
軍関係捜査減少

4 『甲斐捜査手記』から読み取る捜査の流れ

「松井名刺」の捜査から浮上した軍機関

前掲表4で確認したように、帝銀事件の捜査において最初に捜査の焦点となったのは、犯人が残した名刺、とりわけ「松井名刺」についての調査であった。松井蔚《しげる》そのものに対する調査や松井蔚と接点を持った人物の捜索に重点が置かれた。そこで浮上してきたのは、厚生技官・松井蔚は、犯人に名刺を利用された単なる被害者ではなく、松井自身、毒殺事件となんらかの関係があるのではないかという疑惑であった。

この点に最初に踏み込んだのは、捜査本部直轄の捜査班ではなく、投書や密告の処理にあたっていた捜査二課の成智英雄主任であった。成智の回想を見てみよう。

松井〔蔚〕博士が犯人だという投書が、連日数通配達された。なかには、博士が陸軍司政官として、第二十五軍軍政部衛生課長在任当時、土人を注射で二百数十名殺害したとか、また博士の学生時代の非行から、戦時での婦女凌辱《りようじよく》などの詳細を書いたものもあった。しかし、松井博士は〔帝銀事件〕当時仙台にいて、アリバイが認められたが、犯人を知っていて故意に黙秘しているものと思われた。

一月二十九日、松井博士は特捜本部の要請で、上京した。私はその日、藤田刑事部長の特命を受けて、世田谷下北沢の実弟宅に泊まっている博士を訪れ、夜八時ごろから取調べを始めた。博士は、私の質問に頭をさげるだけで、何も答えなかった。

結局、投書の非行事実は否認したが、土人の殺害の件は、チブス予防薬と破傷風菌を間違えて注射した過失であると、弁解した。そこで私は、「ご存じの通り、捜査二課は戦犯を担当しているので、この事実を公けにして、あなたを戦犯として絞首台に送ることもできるが、そうするか、それとも捜査に協力してくれるか」とおどしたが、結局、博士は事件については何も知らないものと認め、私は引きあげてきて、その旨刑事部長に復命した(3)。

成智捜査官に松井蔚は、現地住民二百数十名に「チブス予防薬と破傷風菌を間違えて注射」して殺害したという驚くべき事実を告白したのである。実際に松井は、戦時中、南方軍防疫給水部に所属しており、ジャワ（インドネシア）でこのようなことを起こしている。しかもそれは、決して「過失」ではなく、抗日運動への弾圧として行なわれたことのようであった。

軍機関を探る秘密捜査班の結成

松井蔚の取り調べの直後、成智は藤田刑事部長に呼ばれた。再び、成智の回想を見てみよう。

二月一日の朝、私は藤田〔次郎〕刑事部長に呼ばれた。部屋には部長以外、誰もいなかった。部長は声を落として、戦時中、大陸で生きた人間を、細菌や毒物の実験材料にしていた秘密部隊があったという、意外な情報を語った。

「米軍はその事実を知っていて、元隊員を戦犯にしないという条件と交換に、彼らに詳細なデータを書かせている。ソ連軍は、関係者の身柄引渡しを強く要求しているらしい。もし、元隊員が犯人として浮かび上がり、秘密部隊の事実がわかると、恐るべき影響がおこる。従ってこの捜査は極秘を要するので、君はこの一線に捜査を結集し、一切の捜査報告は極秘として、直接、私に知らせて貰いたい」

こうして、私を班長とする極秘捜査班が設けられた。係員は私以下五名。いずれも優秀な刑事たちで、私は信頼して捜査を開始した。(4)

このようにして特捜本部とは別に捜査二課の成智英雄を中心とする「秘密捜査班」が結成され、軍の「秘密部隊」を洗い始めた。この「秘密捜査班」は、捜査一課を主体とする特捜本部と連携して捜査を行なったのかと言えば、そうではない。むしろ、成智は、自らの捜査結果を特捜本部には伝えず、聞き込み先の軍関係者にも特捜本部の捜査員に話すなと「口止め」をしてまわったのである。成智はこのように述べている。

私はこの捜査にあたってまず、各部隊の元研究員に、刑事部長の要旨を説明し、万一部隊関係から犯人が出ても、人体実験は極秘にしなくてはいけないので、特捜本部の刑事たちにも、情報を提供しないようにしてほしい、と依頼して歩いた。

研究員は佐官級以上で、喜んで協力を約束してくれ、旧部下にも協力するようにしてくれた。こうした私の裏工作があったので、特捜本部は、主力を注いで聞き込み捜査に当たったが、ついに真相をとらえることができなかった(5)。

信じられないようなことだが、成智たちの「秘密捜査班」は、特捜本部（捜査一課）の捜査を妨害するようなことをあえてしていたのである。

軍人に次第に接近する特捜本部

しかしながら、成智たちの工作にもかかわらず、特捜本部も軍の「秘密部隊」に次第に接近していくのである。『甲斐捜査手記』によれば、成智が藤田刑事部長に特命捜査を命じられた五日後の二月六日、特捜本部では次のような報告がされている。引用資料冒頭のゴチック体で記した〔 〕は報告者名、次の〔 〕内の報告タイトルと（日付）は山田が便宜的につけたもので、引用文中の「／」は、原資料における改行、■は判読不明文字、〔 〕内の記述は山田による補足である。以下、『甲斐捜査手記』からの引用に関しては全て同じである。また、引用文は必ずしも文として整っていなかったり、分かりにくい部分、人名や地名の誤記などがあることはご了承願いたい。特に重要な部分はゴチック体にしてある。

〔本部情報〕〔青酸カリによる捕虜虐殺の情報（2月6日）〕
（三）練馬高橋署長より〔住所略〕
元陸軍少将　倉本敬治郎
南方に行っていた／部下に軍医将校／があってその男は現地で／青酸加里を使って捕虜を虐殺した

倉本は終戦後其の部下を連れて復員し／その男は倉本の附近に居住している

倉本は二十七日新聞を見て／「奴がやったな」と独言した〔という〕(6)

これは、特定の軍機関・部隊が組織的に虐殺行為をおこなったというよりも、この段階では、青酸カリを使った殺人行為として注目された情報であったと思われる。この情報の続報はなかったが、すぐに松井蔚に関連した情報が寄せられる。

〔本部情報〕〔松井蔚による捕虜虐殺の情報（2月8日）〕

元目白署長　青山牧より密告〔中略〕

管内の元薬剤少佐（帰へる時）／河野少佐　37・8〔年齢が三七か三八歳の意味〕

ジャワ在／南方のパスツールの防疫研究所と／関連のある薬剤師で有り軍医とも写真／を撮っている

佐藤軍医少将〔の〕／部下　松井蔚博士

松井博士／防疫給水部があり

現地では／敵情を採るため原住民を使ひ　其後殺すため／毒殺班があったらしい／当時松井博士は　之に関連していてその班には／（防疫給水部が担当していたらしい）／上には松井博士がいた(7)

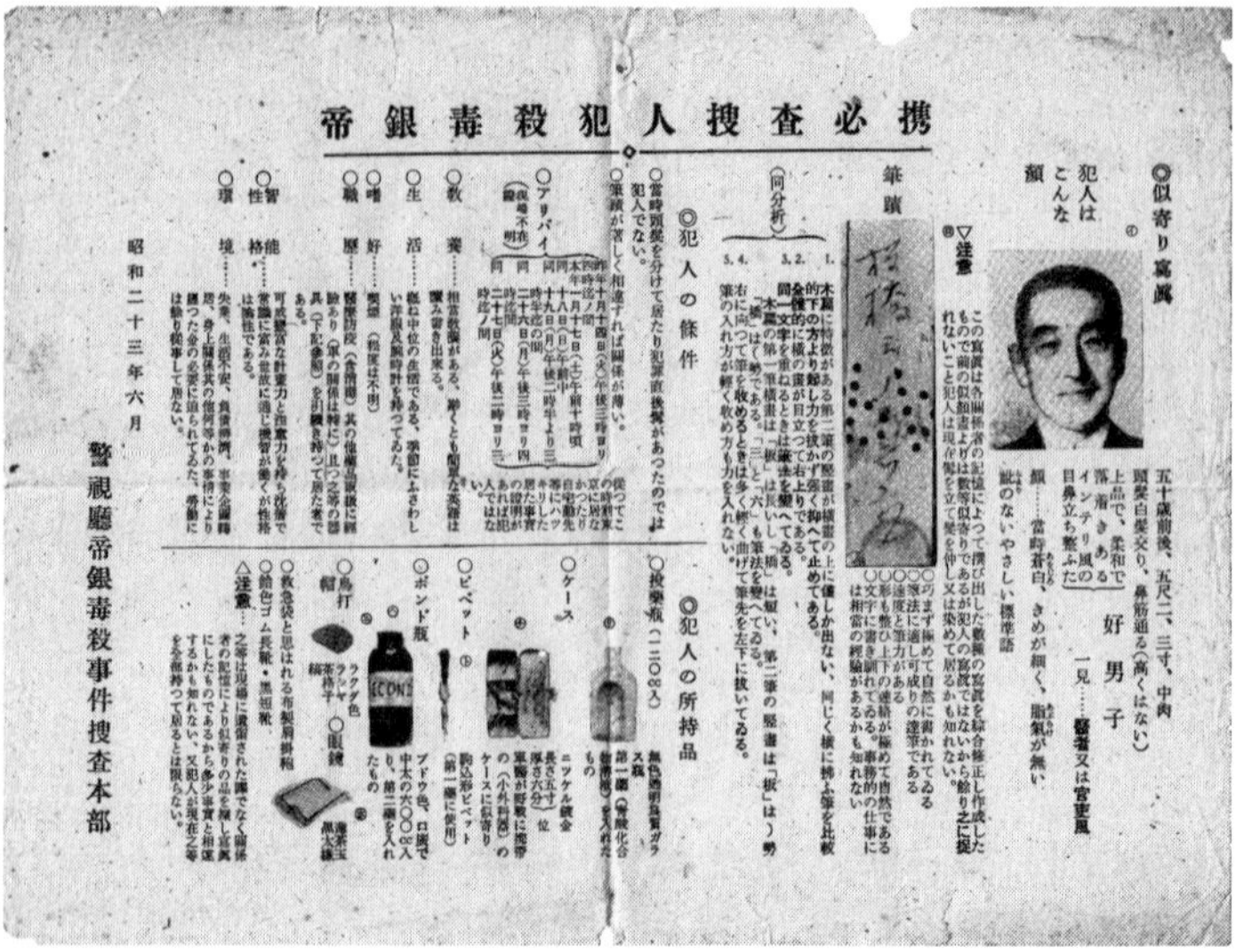
帝銀毒殺犯人捜査必携

◎似寄り寫眞

犯人はこんな顔

五十歳前後、五尺二、三寸、中肉
頭髪白髪交り、鼻筋通る（高くはない）
上品で、柔和で落着きあるインテリ風の目鼻立ち整ふた 好男子 一見……醫者又は官吏風
顔……當時蒼白《あをじろ》、きめが細く、脂氣《あぶらけ》が無い
訛《なまり》のないやさしい標準語

▽注意
この寫眞は各關係者の記憶によつて撰び出した數種の寫眞を綜合修正し作成したもので前の似顔畫よりは數等似寄りであるが犯人の寫眞ではないから餘り之に捉はれないこと犯人は現在髭を立て髪を伸し又は染めて居るかも知れない。

筆蹟（同分析）
1. 木篇に特徴がある第二筆の堅畫が横畫の上に僅しか出ない、同じく横に拂ふ筆を比較的下の方より起し力を抜かず強く抑へて止めてある。
3.2. 全般的に横の畫が目立つて右上りである。
同一文字を重ねるときは筆法を變へてゐる。「三」と「六」も筆法を變へてゐる。
5.4. 右に向つて筆を收めるときは多く輕く曲げて筆先を左下に抜いてゐる。筆の入れ方が輕く收め力も力を入れない。
○巧まず極めて自然に書かれてゐる
○筆法に適し可成りの達筆である
○速度と筆力がある
○形も整ひ上下の連絡が極めて自然である
○文字に書き馴れてゐる。事務的の仕事には相當の經驗があるかも知れない

◎犯人の條件
○當時頭髪を分けて居たり犯罪直後髪があつたのでは犯人でない。
○筆蹟が著しく相違すれば關係が薄い。
○アリバイ（犯時不在證明）
昨年十月十四日(火)午後三時頃より四時迄ノ間
本年一月十七日(土)午前十時頃
同 十八日(日)午前中
同 十九日(月)午後二時半より三時迄の間
同 二十六日(月)午後三時頃より四時迄ノ間
同 二十七日(火)午後二時頃より三時迄ノ間
從つてこの時刻東京に居なかつたり自宅勤先等にハッキリした居た事實の證明があれば犯人ではない。
○教養……相當教養があり、少くとも簡單な英語は讀み書き出來る。
○生活……概ね中位の生活である、季節にふさわしい洋服及腕時計を持つてゐた。
○嗜好……喫煙（銘柄は不明）
○職歴……醫療防疫（含消毒）其の他藥品取扱に經驗あり（軍の關係は特に）且つ之等の器具（下記參照）を引續き持つて居た者である。
○智能……可成緻密な計畫力と決斷力を持ち沈着で
○性格……常識に富み世故に通じ機智が働くが性格は陰性である。
○環境……失業、生活不安、負債病弱、事業失敗歸郷、身上關係其の他何等かの事情により纏つた金の必要に迫られてゐた、勞働には餘り從事して居ない。

◎犯人の所持品
○投藥瓶（一二〇cc入）無色透明良質ガラス瓶 第一藥（青酸化合物溶液）を入れたもの
○ケース ニッケル鍍金 長さ五寸 厚さ六分 位 軍醫が野戰に携帯の（小外科器）のケースに似寄り
○ピペット 駒込形ピペット（第一藥に使用）
○ボンド瓶 ブドウ色、口廣で中太の六〇〇cc入り、第二藥を入れたもの
○鳥打帽 ラクダ色 ラシヤ 茶格子縞
○眼鏡
○救急袋と思はれる布製肩掛鞄
○飴色ゴム長靴・黒短靴
△注意……之等は現場に遺留された譯でなく關係者の記憶により似寄りの品を探し寫眞にしたものであるから多少事實と相違するかも知れない、又犯人が現在之等を全部持つて居るとは限らない。

昭和二十三年六月
警視廳帝銀毒殺事件捜査本部

モンタージュ写真の載った当時のビラ

目白署管内の元薬剤少佐から、松井蔚は南方軍防疫給水部の佐藤軍医少将の下にいて、現地住民の毒殺にかかわったという情報が寄せられた、ということである。秘密捜査班の成智が、松井自身から聞き出したことに類似する情報で、松井は「過失」としていたが、この密告情報では、諜報《ちようほう》任務に現地住民を使い、その口封じのために毒殺したらしい、となっている。軍の「秘密部隊」を捜査するための秘密捜査班が結成された一週間後（二月八日）には、特捜本部でも松井蔚と防疫給水部に関する重要情報の一端が報告されていたのである。

しかし、二月六日と八日の軍関係情報は、この段階では特捜本部の中でそれほど重要視されなかったようである。

特捜本部では月曜日に、今後の捜査方針を明確にするために、捜査員からの意見聴取（特捜本部会議）が行なわれることが多かった。『甲斐捜査手記』にも捜査員からの意見聴取は、一月二六日（月）、二月二日（月）、二月九日（月）に行なわれたことが記録されている。二月二日の特捜本部会議では、捜査の「根本方針」として「消毒防疫関係従事の全員」[8]を洗うことが示されていたが、二月九日の会議でもこの方針には異論は出されなかった。捜査員二三名が出席したこの会議では、大半の発言者が捜査の「根本方針」を是としながらも、手配のモンタージュ写真の人相にこだわらない方がよい（四名）、容器・器具（ピペットやケースなど）をもっと重視すべし（二名）、「松井名刺」は直接犯人が貰ったものではない（一名）といった意見が出された。そして、犯人像として、厚生省・防疫関係者（八名）、医師・薬剤師・偽医師など（六名）、引揚者（五名）等が出されたが、ただ一人、峯岸演二刑事は、「医療器械の使用方法はその道に経験あるもの／外地に於て敵に内通するものを謀殺した／その関係で軍医、衛生下士／引揚者の医師、薬剤師／復員軍人（軍医等の方面探すのは／医師方面から聞けば判る）[9]」と述べている。ただ、峯岸の発言も外地における謀殺という点には注目しているが、いまだ軍機関・部隊に着目したものではなかった。

軍人個人から軍機関に注目し始める特捜本部

だが、二月九日から始まる週では、「松井名刺」から松井蔚自身の関係者を洗ううちに、松井がいた南方軍防疫給水部に移動した人物、あるいはそこから転出した人物が浮き上がり、それらの人が「七三一部隊」（関東軍防疫給水部）や「六研」（第六陸軍技術研究所）に関係した人物であることがわかってくる。『甲斐捜査手記』に「七三一」が初めて登場するのが二月一二日、「六研」は二月一五日（居木井が報告）である。ここまで来て、特捜本部も軍機関・部隊についてまとまった情報を捜査員で共有する必要性を感じたのであろう。週がかわった二月一六日（月）に次のような本部情報を示した。

〔本部情報〕〔陸軍中央の研究機関情報（2月16日）〕

（一）居木井《いきい》〔為五郎〕主任報告

1．衛生材料廠

2．陸軍科学研究所／（一乃至六が大久保にあった）／は全部焼いて仕舞った

七、国分寺／八、稲田登戸／九、廣嶋／一〇、姫路

身分上の記録に至る迄全部焼却した／当時の関係人員の氏名等を明かにすること出来ぬ／復員局でも処理上困っている

お互いのウロ覚えにより／住所録を作ったのが復員局にあった

第一　弾薬　　第七　光学関係

第二　観測兵器　　第八　風船気球

第三　電力兵器　　　第九　不明
第四　不明　　　　　第十　船舶関係
第五　無線
第六　薬品関係(10)

この本部情報を報告したのは、居木井為五郎警部補であった。居木井はこの後、名刺班の班長として、特捜本部とは別行動を取り、平沢貞通逮捕を主導する人物である。二月一六日の居木井報告は、特捜本部が軍人個人ではなく、軍機関の存在に注目した最初のものである。医学関係の器具を研究・製造する衛生材料廠と陸軍科学研究所が取り上げられているが、まだ、多くの機関・部隊には触れられていない。しかも、報告の中にもあるように、復員軍人の部隊別の名簿は、厚生省復員局で管理していたが、これらの機関の名簿は敗戦後に「全部焼却」されていて、機関の研究内容も関係者の記憶にもとづく不確かなものであった。この報告では、「陸軍科学研究所」とあり、それが第一から第十までに分かれているように述べられているが、これも正確ではない。

本書のこれからの説明にも関係するので、陸軍中央の研究所について簡単にまとめておこう。

もともと陸軍には、兵器に関する基礎研究をおこなう陸軍科学研究所と制式兵器（特定の規格のもとに量産される兵器）を開発する陸軍技術本部があった（ともに一九一九年設立）。この二つの機関は、アジア太平洋戦争がせまった段階で陸軍技術本部に一本化され、二つの機関の傘下にあった研究室・

【表6】陸軍の技術研究所（1941年6月15日設置、1942年10月にこの名称になった）

研究所名	所在地	研究分野	備考
第一陸軍技術研究所	小金井	銃砲・弾薬・馬具	
第二陸軍技術研究所	小　平	観測・指揮連絡兵器	
第三陸軍技術研究所	小金井	器材・爆破用火薬具	
第四陸軍技術研究所	相模原	戦車・自動車	
第五陸軍技術研究所	小　平	通信兵器	一部が多摩陸軍技術研究所に
第六陸軍技術研究所	百人町	化学兵器（毒ガス）	
第七陸軍技術研究所	百人町	物理的基礎研究	一部が多摩陸軍技術研究所に
第八陸軍技術研究所	小金井	兵器材料	
第九陸軍技術研究所	登　戸	秘密戦兵器・資材	一部が多摩陸軍技術研究所に
第十陸軍技術研究所	姫　路	海運資材	1944年5月に設置

注：これらとは別に、陸軍航空技術研究所があった。

研究所は、一九四一年六月に陸軍技術本部第一〜第九研究所へと再編された。この再編にともなって、もともと新宿百人町にあった研究室・研究所は、東京郊外へと移転・拡張された（六研・七研は新宿に残った）。その後、陸軍省兵器局・陸軍兵器廠・陸軍技術本部が統合されて陸軍兵器行政本部が設置されると、これらの研究所は、一九四二年一〇月に第一〜第九陸軍技術研究所へと名称が変更された。それは表6のとおりである。ここに挙げられた研究所では、「六研」「九研」がこの後、特に注目されることになる。

初めての軍関係有力容疑者の浮上

居木井報告があった翌々週、特捜本部が次第に軍機関・部隊に注目しつつあった三月一日（月）に軍関係で初めての有力容疑者情報がもたらされた。

〔本部情報＝署長情報〕〔初めての有力容疑者情報（3月1日）〕

陸軍科学兵器研究所

〔容疑者　技術少佐　野々山敏国48〕〔中略〕

人相　胡麻塩　酷似

1　ピペットを使用

2　青酸加里を薬品で沈殿せしめる（それを呑ませると）／（三十秒で死亡す　実物実験）（三十秒　上は害がない）

敵前上陸の時／飛行キ上から撒布する／上から撒くと　水分が飛散するので　青酸の毒性だけ／[redacted]せぬように研究したと云う[11]

これは特捜本部に所轄警察署長からもたらされた聞き込み情報のようである。容疑者は、「陸軍科学兵器研究所」の技術少佐である野々山某、胡麻塩頭で、青酸カリや青酸（ガス）について研究した人物とされており、軍人としては初めての有力容疑者であったが、この情報は、かなり不正確なものであった。まず、「陸軍科学兵器研究所」なる研究機関は存在しない（一九四一年まで存在した陸軍科学研究所と似ているが）。また、青酸カリと青酸ガスが区別されていない。毒物としての青酸カリ（人に飲ませる液体あるいは錠剤）と毒ガスとしての青酸ガス（ビンに入れて投げ込んだり、飛行機から散布する）は、用途も製造方法も異なるものであるが、捜査当局は、この後もなかなかこの区別に気がつかない。この報告には続報がなく、特捜本部はこの情報のウラが取れず、捜査を深めることができなかったようである。

三月八日の特捜本部会議

有力容疑者情報の報告があった週末、三月六日（土）には、帝銀事件の捜査も四〇日程（第二期終了）となり、第三期をむかえた三月八日（月）には特捜本部会議（捜査員からの意見聴取）が行なわれた。

三〇人の捜査員が出席した本部会議において、今後の捜査の重点をどこにおくべきか、という問題についてまとめると次のような意見の分布を見た（複数回答あり）。

名刺関係三名、松井蔚名刺四名、山口二郎名刺一名、松井蔚と接点ある者三名
地取り七名（地取り収穫なし四名、足取り打ち切り四名）
持ち物二名、投書一名
引揚者八名、ＧＨＱ関係者四名
衛生医療防疫関係者五名、医師・薬剤師六名、偽医者一名
軍関係者二名〔金沢・峯岸〕
研究所一名、製薬会社等医薬品取扱四名、銀行（金融）関係者四名、水害地関係三名
薬の使用方法（第一薬・第二薬）一名(12)

従来（二月二日決定）の捜査の「根本方針」が「消毒防疫関係従事の全員」を洗うということであったので、依然として医療・防疫・医師などを重点とすべきとする意見は多く、名刺関係・引揚者を重視する者も相当いた。軍関係情報が出始めていたこの段階に至っても、軍関係者を重点におくべきという意見はわずかに金沢・峯岸の二名にすぎなかったが、峯岸刑事は、前回同様「軍関係で外地で毒殺をした経験のある者（通牒《つうちょう》者を一括して毒殺した）／使用方法の経験者」に注目して「軍関係、化学研究所等の関係者を物色(13)」すべしと説いている。

捜査の突破口＝「陸軍化学兵器研究所」の浮上

この特捜本部会議では、捜査方針の変更が決定されたようには見えないが、この会議の後、本部では、今後の捜査の方向性に大きな影響を与える重要な報告がなされたのである。それは次のような報告であった。

〔本部情報〕〔陸軍化学兵器研究所について（3月8日）〕
千葉県津田沼／陸軍化学兵器研究所
物量検知器〇、〇二cc
体験要領
第一薬
第二薬
第二塩（中和剤）〔HW2〕セコンド Second
教官が兵を集めて自ら呑んで見せて／呑ませる
終戦と同時に／千葉医大附属病院に移管した
薬品器材此他は／校庭に四帖半位の穴を一丈位の深さ／に掘って埋めた（二箇所に）

此の場所を■署りした百姓が中毒したり／腐■したりした
元少佐　成生一／が巡視長をしている／同人が　名簿　写真もあるので探しておく
当時　庶務と資材係／薬の方をやっている
技術中佐〔大尉〕　石井英助〔英文〕〔中略〕
石井は　陸軍技術大尉／津田沼の陸軍化学兵器研究所員であった／此処《ここ》でやっていた
陸軍技術少佐／野々山利政〔中略〕
十八年八月所長が居って〔住所略〕
小池豪治〔小池龍二〕少将
野々山の終戦後の就職状況を探ってくれ(14)

この情報は、従来の漠然としたものとは異なり、津田沼の「陸軍化学兵器研究所」では、「体験要領」と称して、毒薬を第一薬と第二薬（中和剤Second）に分け、「教官が兵を集めて自ら呑んで見せて／呑ませる」というやり方で教育していたというものである。これは、帝銀事件の犯人と同じやり方であり、事件の際に犯人が第二薬を入れていた薬ビンには「Second」と記されていた。しかも、この研究所の有力な人物の名前も明らかになり、その中には、おそらく三月一日の「陸軍科学兵器研究所」情報に出てきた技術少佐「野々山」も含まれていたのである。今回の報告記録では「陸軍化学兵器研究所」と記されているが、『甲斐捜査手記』は、特捜本部で本部員あるいは捜査員が口頭で報

【表7】3月の軍関係の捜査報告数（機関別・週別）

	第1週 3/1～	第2週 3/8～	第3週 3/15～	第4週 3/22～	第5週 3/29～4/4	合計
陸軍科学研究所	1	－	1	－	－	2
六研	－	3	13	14	13	43
九研	－	－	1	－	5	6
七三一部隊	－	－	3	2	1	6
陸軍軍医学校	－	－	－	2	1	3
陸軍獣医学校	－	－	－	1	－	1
習志野学校	－	8	11	－	－	19
五一六・五二六部隊	－	－	3	6	6	15
陸軍衛生材料廠	－	－	－	1	－	1
その他	2	1	5	2	2	12
内訳合計	3	12	37	28	28	108

出典：警視庁捜査一課甲斐文助係長『捜査手記』第3巻・第4巻・別巻（平沢貞通弁護団所蔵）より作成。

告したものを筆記しているので、人名や組織名が表記としては正しくないことがある。おそらく、三月一日報告の「陸軍科学兵器研究所」と今回報告の「陸軍化学兵器研究所」は同じものをさすのであろう。だが、情報は、きわめて具体性を帯び始めた。

実は、その後も『甲斐捜査手記』でしばしば「陸軍化学兵器研究所」と記されるこの機関は、毒ガス・毒物教育をおこなっていた陸軍習志野学校のことであった。学校を「研究所」と誤認したのは、習志野学校には研究部があり、実質的に「研究所」と同様の仕事をしていたからである。

毒ガス・毒物教育を実施した習志野学校の存在が表面化したことで、特捜本部の捜査は、習志野学校と毒ガス・毒物を製造した六研へと特化していくことになる。表7は、三月の特捜本部による軍関係の捜査報告を機関別・週ごとにまとめたものである。第二週・第三週には習志野学校、第三週以降には六研、第四週以降には五一六部隊（関東軍化学部）について、まずは毒ガス関係機関・部隊の報告が多くなっていることがわかる。報告回数が六回になると毎日必ず一組が報告をしているということであり、一二回になると毎日必ず二組が報告しているという計算になる。

帝銀特捜本部が、いよいよ軍機関に注目し始めたので、第二章からは軍機関・部隊別に捜査の進展を見ていこう。

第二章　捜査で浮上した日本の化学戦部隊

1　陸軍習志野学校

「体験要領」の確認

一九四八（昭和二三）年一月二六日に発生した帝銀事件の捜査も、第三期（四一日以降）をむかえた三月第二週になり、特捜本部は、ついに旧軍関係の重要情報をつかんだ。三月八日の本部情報によって、「陸軍化学兵器研究所」〔実際には陸軍習志野学校〕において、毒物を飲ます際に、第一薬・第二薬（中和剤＝Second）と分け、教官がまず飲んでみせるという「体験要領」と呼ばれるやり方がとられていたこと、さらに「研究所」の要人の名前も分かり、特捜本部は俄然「研究所」に注目した。そして、翌三月九日には捜査員に対して次のような本部情報が提供された。『甲斐捜査手記』では実に一二ページにわたる非常に長い報告だが、重要個所を抜萃《ばっすい》して引用しよう。

〔本部情報・小林部長〕〔陸軍化学兵器研究所＝陸軍習志野学校情報〕（3月9日）
（一）陸軍化学兵器研究所関係〔中略〕
〔習志野学校・元陸軍技術大尉　石井英文からの聴取〕
石井曰く／新聞で見たスポイトが研究所で使用した／ものとよく似ている／（石井はそれは間違いない〔と言っている〕）
人相書の関係から／野々山〔野々山利政〕／が怪しいと思う／野々山に就て聞くと
同人は　当時軍からゴムの赤長靴を配給／されている筈
又　腕章は防毒の実験をやった時／実験場の消毒に当る／消毒班の者が／消毒班と書いた腕章をつける／その腕章は　兵隊が消毒が終了する都度／返納するが　将校は自宅へ持帰った
野々山は青酸加里の／動物実験或は人物試験（満洲にて）／等の経験の持主だから　一應調べてくれ〔中略〕

戦時中　同研究所からは　時々満洲へ実験に／出張させられていた／出張者は主として野々山が行った

同人〔野々山〕は　満洲で　青酸加里の溶液で人物試／験をやり　人を殺した事もある（ハッキリ云はぬ）〔中略〕

石井曰く／青酸加里溶液は非常に揮発性のもので／水より比重が軽い　之を水よりも重くする方法／を同研究所で成功した／此の化合物は／ヤシの実から取った海綿体の液体／を混合すると青酸加里だけが沈澱する

機上より散布する場合／青酸加里溶液のみだと　地上に落下しない／程に揮発するので／安定剤を加えて／地上まで届くようにするためである

此の薬は　本土決戦の目的で同所で製作した／此の薬は　現在　日比谷電気ビル六階／野々山と映報社勤ム／元技術少佐　横山武重／の二人が主として研究したもので終戦前成功したのである

〔中略〕

〔習志野学校・元陸軍少将　小池龍二《りようじ》からの聴取〕

元陸軍化学兵器研究所所長／陸軍少将　小池龍二／の言によれば

同人は　歩兵本科の出身で　技術方面の事は／よく知らないが　技術部員の報告によれば／青酸加里溶液の動物試験の結果／一呼吸で死亡すると云う話であった／その薬品は　戦車隊に向って瓶の中へ入れて／投付けると　青酸瓦斯が発生して　操縦者／が一呼吸か二呼吸で完全に死亡す

る／と云う話である

石井曰く／青酸加里は○、○二ミリグラム以下の使用／量では死に至らぬ

但し　その量に酸を與《あた》えれば　同量でも時間を要す／るが死ぬ

○、○二ミリグラムに酸を加えた場合は　五分乃至／十分で死ぬ

若《も》し青酸が強い場合には　呑むとすぐ死ぬから／他の者は呑まないだろう／時間を置けば他の者

も呑むだろう

帝銀事件の犯人も　斯様《かよう》な研究をした者／でなければ　あんな手口は知らぬ〔中略〕

〔習志野学校・成生一からの聴取〕

体験要領

〔住所中略〕成生一43／に聞くと

研究所で　兵隊此の他　地方人〔民間人〕を使用して／演習する場合

指揮官が自ら毒物を手に付けて　それから／[redacted]一分何秒と時間をきめて　次の中和剤／を塗

りつけて　実験して相手に納得させる／そして　兵　地方人　にその通りにやらせる／斯様な事

を体験要領と云う

此の要領は　毒物を嚥下させる場合にも　此の／要領を使う

毒瓦斯をつけてーー中和剤をつけ／ると毒が消える事を　自ら実験して／見せて安心して相手に

やらせた

小池所長副官／〔住所中略〕／陸軍少佐　山口■雄／に付いて体験要領を聞いたが　成生の言と
同様であった〔中略〕
終戦時の後始末
終戦後野々山と／〔住所中略〕／元砲兵少佐　佐藤働／の両名が　青酸器材の処理をした（重要
なもの）
残部は進〔進駐軍〕が摂取〔接収〕した／重要部分は　極秘裡に／習志野なら網入に埋めた／此
の場所は成生が知っている
此の場所から青酸ガスが常に発生して／いるので百姓等は怖がって畑に立入らぬ／と云う話
事故が若干あり　国立病院に収容して手当／したの話もある
青酸加里を主材とした毒瓦斯研究所
習志野が　当時主としてやり／極小規ボのは六研でもやっていた／技術員の人事交流もあった
終戦当時のメンバー
所長　小池／副官　山口／主事　横山武重（兼防諜係）／追〔迫か?〕撃係　道家章磨／気象係
野崎延喜／運用係　山田正
庶ム係　石井英文
技術研究部員／上田某／地村某／重谷某
技手　渡辺明／野々山

器材操作係　成生一／兵器係　佐藤働
以上が幹部　他に兵　若干／瓦斯工員
〔習志野学校・野々山利政からの聴取〕
元陸軍技術少佐　野々山　利政45〔中略〕
野々山は　曽《かつ》て　昭和十九年末か二十年初頃／内務省主催で／厚生省　鉄道省／日本薬剤協会
各官庁の防空指導者
を集めて　防毒講習をなしたる際／野々山　横山　両人が講師となって指導した
当時の講習者六十名
丈　五尺三寸位　細形　身体付《からだつき》はやさしい／面長　鼻筋通り高からず　胡麻塩（七分白）
坊主刈　ヒゲなし　眼尻稍《やや》下る／色白き方(1)

この報告は、帝銀事件捜査を大いに前進させる重要なものであった。ここでは、「研究所」に勤務していた元技術大尉である石井英文から「野々山」が怪しいという情報を聞き出し、「野々山」が満州において人体実験をやったらしいこと、飛行機から雨下《うか》させる青酸カリ溶液（実際には青酸ガスと思われる）の兵器化に成功していたことを聞き出している。

そして、「研究所」の所長（実際には一九四四年二月から四五年二月まで習志野学校長）であった小池龍二から聴取している。小池の言葉と石井の言葉が交互に出てくるところをみると、聴取にあたった小林刑事は、小池と石井を同時に聴取したものと思われる。小池が語っている「その薬品は戦車隊に向って瓶の中へ入れて投付けると青酸瓦斯が発生して操縦者が一呼吸か二呼吸で完全に死亡する」という兵器は、「ちび」と呼ばれる丸ビン型の手投げ毒ガス弾で、青酸ガス（シアン化水素）を発生させるもので、実際に配備されたものである。(2)

石井英文は、青酸カリの致死量などについて述べた後、「帝銀事件の犯人も斯様な研究をした者でなければあんな手口は知らぬ」とも言っている。また刑事は、「研究所」の器材操作係だった成生一からも聴取し、例の「体験要領」について確認し、「毒物を嚥下させる場合にも此の要領を使う」との証言を引き出している。さらに刑事は、小池「所長」の山口副官にも「体験要領」を確認している。

また、捜査員は、聴取者からこの「研究所」が「青酸加里を主材とした毒瓦斯研究所」であり、「習志野が当時主としてやり極小規ボのは六研でもやっていた」「技術員の人事交流もあった」との証言を得ているが、捜査員はここでも青酸カリと青酸ガスを混同しているように思われる。「極小規ボのは六研」としているが、ここで「六研」の存在と「人事交流」が明らかになったことで、以後、捜査の矛先は第六陸軍技術研究所（六研）にも向けられることになる。

そして、刑事は、三月一日以来、有力容疑者とされ、この日の石井からの聴取でも「怪しい」とされた「野々山」こと野々山利政の聴取も同じ日に行なっている。有力容疑者に接触したことで、捜査は大きく前進したように思われた。

陸軍習志野学校と関連部隊が判明

翌三月一〇日には、〔宮原・小川〕〔峯岸・大原〕の二組の刑事が、「研究所」と野々山の捜査に投入された。〔峯岸・大原〕組の峯岸演二は、これまでの特捜本部会議でも軍関係に注目すべしと発言してきた警視庁捜査一課の刑事であった。この日、〔峯岸・大原〕組は、前日にも小林刑事に「研究所」の情報を語った石井英文にさらに踏み込んで聴取した。

〔峯岸・大原〕〔石井英文からの聴取：習志野学校と関連部隊（3月10日）〕

〔習志野〕学校の機構

本部　人事と研究教育／（主に将校　兵の教育を統轄する）

研究部

化学戦で重《おも》に毒瓦斯／使用方法と防御方法／市民の防護もやっている／此処に技術者が澤山いる

教育部

化学戦の防護に関する将校教育／を主としてやる

兵教育は教道〔導〕隊があるが／一般軍隊と同じ組織　一般軍隊から入／って来たものを教育

する／（派遣させて特別教育する）
　幹部候補生の教育内からやっているものもある
　薬学校や理科をやったのを採用して入れ／て同じ教育をする
青酸加里を使用するのを知っている範囲
　此の学校にいるのは　拵《こしら》える過程〔毒物の製造過程〕は詳しく知らなくとも／体験要領によって／大勢の前で指導して見せるので　やり方呑ませ／方を知っているし　大体の効きめは知っている
下士、兵、雇（二十才前）／年を取ったのはいない
隊として之に関係したのは
◎三方原《みかたはら》の飛行隊／揮発性の青酸加里を一定の溶液の／中に止めておくのを　やったのが此の飛行／隊で発見した（偶然に発見）
之を第六研究所で試作させた／それを
◎用法及防護を習志野の学校に移してやった
作るのは六研でやれるが　使用方法は／体験要領でやれる
満洲二〇五一部隊〔五一六部隊か〕
　二〇五六〃〃〔五二六部隊か〕が主として[redacted]の時に／効果を　廣[redacted]地に於ける使用方法をやった

之を試験する場合／研究所からも満洲に行き三方原から行った
従って　人事の交流は激しかった
昭和八年から学校は開設
之の研究〔青酸ガスの飛行機からの散布〕は昭和六年頃から初めて／十九年頃　使用可能の域に達した（十九年の月は判らぬ）
小池少将／十九年六月―二十年六月の間　校長
此後は終戦迄／山崎大佐が校長となりすぐ少将となった[3]

〔峯岸・大原〕組によるこの報告によって、「陸軍化学兵器研究所」は、学校（陸軍習志野学校）であること、研究部・教育部が存在していたことが確認された。そして、長年の研究の結果、一九四四年には、青酸ガスの飛行機からの雨下（散布）の技術が完成の域に達していたことが示されている。また、毒物散布の三方原飛行隊、毒物製造の六研、満州の関連部隊（この時点では名称は不正確であるが、五一六部隊等と考えられる）が存在していたことがほぼ明らかになった。

陸軍習志野学校は、一九三三年八月に千葉県津田沼町に設置され、将校・下士官の学生に対して、ガス防護などの学術を修得させ、各隊に普及させることを目的としており、一九三八年以降は幹部候補生の、一九四〇年以降は下士官候補者の教育も実施したとされている。[4]だが、三月八日以降の特捜本部の調査によれば、習志野学校は、単なるガス防護だけでなく、航空機からの雨下を含む毒ガスによる組織的な攻撃、毒物を嚥下させる謀略などの兵器（毒ガス・毒物）開発とそれらの戦術研究、これらを使用するための戦術教育を行なっていた組織であったことがわかる。

なお、この証言にある「三方原飛行隊」（通称「三方飛」）とは、三方原教導飛行隊のことで、航空化学戦の専門部隊である。一九四四年一二月一五日、「三方飛」は、浜松市郊外の天竜川下流左岸の笠井町の演習場で、実際に日本軍の歩兵一個小隊を行軍させ、そこにイペリットガスを雨下するという「人体実験」を行なっている。この演習は「極秘」とされたが、地上部隊の小隊長がガスマスクを着け遅れ、重傷を負ってしまい、当人が後年、そのことを記録したことから、(5)その事実が残された。

青酸ガスの空中散布作戦を計画

翌三月一一日には、〔須藤・上野〕組が、再度、野々山利政を聴取し、

青酸加里の研究については支那事変頃は攻撃兵器として種々研究をしたが今次戦争になってからは青酸加里方面の資材入手が意の如くならず専《もっぱ》ら防禦用としての研究のみとなって終った(6)

との供述を得たが、人相・アリバイから野々山自身はシロと認定するに至っている。

三月一三日、〔小林・加藤〕組の報告は、飛行機から雨下する航空化学戦について次のように報告

している。

〔小林・加藤〕〔習志野学校勤務者＝横山武重52からの聴取（3月13日）〕

〔横山の言〕

〔中略〕近代戦に於て　毒瓦斯を使用する場合は／最も強烈なる青酸を使用する

同人は　色々と此の研究に従事していたため／ピペットは長いものを採用した

青酸を素材とする毒瓦斯の研究は　戦争／末期には完成した

使用方法は　砲弾　焼弾及飛行機より／雨下す

機上より雨下する場合には　青酸のみでは／揮発性強く　途中にて揮発し地上まで落下／せず

従って青酸塩類の中に安定剤／を化合せしめ　青酸を水の下に沈澱せしむ

この溶液は　瓶の中に入れると　青酸は下部／に沈澱して上部は希薄になる

■安定剤は青酸を永く保持する効力／ありと云う

青酸加里の溶液は　下部に白色の沈澱を／生じ　時期を経過すると変色して　牛乳／或は　米のトギ汁様の色を呈す／尚　銅粉を混じたる場合　茶色に変化す

当横山の言によれば／本件容疑者として　左の者を集む

⑴秋山／②深山／③戸村／④佐伯〔住所略〕／⑸金谷／⑥渡辺（技手）／⑦野々山／○印は特に調べを要す[7]

〔小林・加藤〕組に対して、習志野学校に勤務していた横山武重は、青酸ガスを用いた航空化学戦について語り、最後に容疑者と思われる人物を出している。このように、事情聴取した関係者をまず、年齢・人相からシロかグレーかに分類し、グレーの場合はさらにアリバイを調べ、シロの場合には同人に「容疑者」を出させるという方法が、その後も続けられることになる。なお、横山が「特に調べを要す」とした「深山」（深山松男）は、同じ日に、〔須藤・上野〕組が聴取し、シロと認定している。(8)

人体実験の形跡の出現

特捜本部は、「体験要領」や青酸カリに対する研究の深さから習志野学校関係者の中に犯人がいるとにらみ、三月一四日は日曜日で、他の方面の捜査は休みであるにもかかわらず（『甲斐捜査手記』でもこの日は正式の捜査日程には加えられていない）、習志野学校関係だけは〔坂和《さかわ》・加藤〕〔須藤・上野〕〔小林・仲西〕の三組を投入して名前が出た「容疑者」をあたらせた。

三月一四日の捜査内容は、翌一五日に特捜本部で報告された。まず、〔坂和・加藤〕組は前日に横山武重が「特に調べを要す」と名前をあげた薬剤師の戸村幹男を聴取した。戸村自身は人相等でシロだったが、その口は重かった。だが、

青酸は内地では動物試験〔薬をくれてタイムを見る〕
満州ではやった話をきいている〔一分二分と計る〕
六研当時　野々山が満洲に行ったのは知って／いるが　習志野では野々山が行ったのは覚えなし
〔中略〕
満州には　六研からも行っている／五一六部隊へ　六研関係が行っていた
それへ行ったのは二、三人あり／此の内　名前を考え〔思い〕出したのは
初め雇員　技術少佐　鈴木　某／〔千葉市役所に勤めている〕
六研から登戸へ二、三人行っている
陸軍大臣直接の極秘研究所
〔川崎へいた〕　土方　博　38・9
他二、三人行っているが　考え〔思い〕出さぬ(9)

と語った。内地では動物試験だが、「満州ではやった」というのは、人体実験をやったということだろう。戸村は、さらに「満州には六研からも行っている　五一六部隊へ六研関係が行っていた」と語った。「満州へ行く」とは、人体実験をしたというニュアンスを含み、満州へ行った人物は殺人の経験者だ、ということである。ここに、習志野学校関係者が人体実験をやった形跡が出てきたのであ

したが、同時に、「登戸」の名前も出している。また、戸村は「六研」だけではなく、「五一六部隊」という捜査陣にとっては未知の部隊名を出している。

青酸に連なる多数の陸軍機関・部隊

この三月一四日、〔須藤・上野〕〔小林・仲西〕組〔あるいは鈴木・須藤・上野・大原〕[10]は、すでにシロと認定された野々山利政のもとを訪ね、まず、野々山から「青酸」についての講義を聞いた〔特捜本部での報告は翌一五日〕。野々山は、単に「青酸」といっても、青酸・青酸カリ・青酸ソーダ〔青酸ナトリウム〕があり、青酸そのものは揮発性のものであり、それをただ撒くだけでは上方に昇ってしまうので、それを液体から急激に気体にすることで凍結させ、空気よりも重くして地面に落下させる「この理《ことわり》を発見した／青酸を下に落として　毒瓦斯を攻撃用に使用した」[11]と化学式をまじえて語った。刑事たちは必死にそれをメモしたようで、『甲斐捜査手記』にも元素記号や化学式が記されている。

その後、野々山は次のように語っている。

青酸の研究所は

1．陸軍習志野学校研究部

2．第六陸軍技術研究所
所長　秋山金正（本官で技術を兼ねて〔住所略〕／技術大佐　橋本岩作／薬剤博士　林茂／（中外製薬）
技術大佐　総務課長　市野信治〔住所略〕／技術大佐　佐伯憲相〔住所略〕
人事関係（所長及市野に聞けば判る）
3．稲田登戸研究所〔九研〕
極秘の研究所／（石井部隊と密接な関係あり）／六研からも人事交流あり
4．牛込《うしごめ》軍医学校
5．糧秣廠の一部／一部で毒瓦斯使用
6．陸軍獣医学校／馬や鳩に対する
7．五一六部隊（習志野と同様／満洲）
8．満洲／石井部隊／内地では陸軍々医学校／登戸の研究所
9．板橋にある／第二造兵廠（毒瓦斯一切）
広島の忠の海（毒瓦斯を製造）
10．海軍関係／終戦当時／目黒　雅叙園に本部／（平塚の海軍工廠内に在った）
海軍は陸軍のように主力を置かなかった(12)

三月一四日における戸村幹男と野々山利政からの聴取により、特捜本部は、日本陸軍には習志野学校・六研だけでなく、「青酸」を何らかの形で研究し、取り扱っている機関・部隊が多数存在していたことを把握した。が、これらを一斉にあたることはできなかった。当面は、これまでに聴取した習志野学校の幹部から多くの「容疑者」の名前が出されているので、これらを一人一人つぶしていくのが先決だった。

有力容疑者出ず

習志野学校関係の捜査は〔坂和・加藤〕〔須藤・上野〕〔小林・仲西〕の三組の刑事によって、その後も進められた。帝銀事件の捜査期間中に習志野学校に関する報告は三〇本あるが、そのうち一九本が三月第二週・第三週に集中していることからも、これらの刑事が実に精力的に捜査・聞き込みを続けたことがわかる。「体験要領」の存在などから当初は、習志野学校関係者から犯人が洗い出されるのではないかと思われたが、帝銀事件の犯人は四〇代から五〇代とされていたので、軍人ならば佐官クラスの幹部将校であり、技師・技手などの軍属ではこの年代の者もいたが、習志野学校で教育を受けた下士官・兵士では年齢的に若すぎて、捜査対象にならなかった。したがって、年齢のふるいにかけ、白髪まじりの短髪という条件を満たす者は、存外限られていた。

習志野学校関係者を対象にした捜査は、四月に入ると明らかに手詰まり状態となった。

【表8】 4月の軍関係の捜査（機関別・週別）

	第1週 4/5 〜	第2週 4/12 〜	第3週 4/19 〜	第4週 4/26 〜 5/2	合計
陸軍科学研究所	−	1	−	−	1
六研	12	10	7	5	34
九研	5	3	1	6	15
七三一部隊	6	13	9	14	42
一六四四部隊	−	−	7	6	13
その他防疫給水部	−	−	1	−	1
一〇〇部隊	−	−	−	3	3
陸軍軍医学校	2	−	−	−	2
陸軍獣医学校	−	−	−	−	0
習志野学校	−	−	−	−	0
五一六・五二六部隊	7	4	5	1	17
陸軍中野学校	1	−	−	3	4
特務機関	3	3	−	1	7
陸軍衛生材料廠	−	−	5	−	5
その他	5	2	1	1	9
内訳合計	41	36	36	40	153

出典：警視庁捜査一課甲斐文助係長『捜査手記』第4巻・第5巻・別巻（平沢貞通弁護団所蔵）より作成。

表8は、四月の特捜本部による軍関係の捜査報告を機関別・週ごとにまとめたものであるが、習志野学校関係の報告はゼロである。この頃になると習志野学校は、すっかり捜査対象から外れてしまい、捜査の焦点は六研と七三一部隊に移ったことがわかる。その後、八月になって習志野学校出入りの人物が捜査線上に浮かんだり、あらためて学校関係者の洗い直しがおこなわれたりしたが、そのまま捜査は終結した。

2　第六陸軍技術研究所（六研）

習志野学校から六研へ

三月第二週に毒ガス・毒物の実戦教育をおこなう習志野学校から始まった軍関係の機関・部隊を対象にした捜査は、同じく毒ガスの研究機関である第六陸軍技術研究所（六研）へと広がった。第一章の前掲表7（本書五八頁）で分かるように、六研に関する捜査報告は三月第二週に三本であったが、第三週には一三本へと一挙に増加し、四月第二週まで一〇本以上の水準を維持した（前頁の表8参照）。六研に関する報告は、全期間で九四本あるが、そのうち六二本（六六％）が三月一五日から四月一八日の五週間に集中している。

特捜本部は、習志野学校関係者からの聴取によって、六研が「青酸」をはじめとする毒ガス・毒物の日本陸軍における最大の研究・開発機関であり、しかも満州に人を派遣して人体実験をやっていたらしいという確かな感触を得ていた。

「六研」という名前が特捜本部で初めて報告されたのは、二月一五日の居木井主任による本部情報においてであり、翌一六日にはやはり居木井によって陸軍科学研究所から派生した研究施設として説明されている（本書五〇頁）。

習志野学校関係者に対して三組の刑事を投入して三月一四日（日）に休日返上の調査がおこなわれたことは前述（本書七二頁）したが、翌一五日以降、特捜本部の一〇組の刑事のうち〔坂和・加藤〕〔小林・仲西〕〔峯岸・大原〕〔須藤・上野〕の四組が習志野学校と六研に投入された。組の責任者（特捜本部で報告にあたる）である坂和・小林・峯岸・須藤は、いずれも部長刑事（巡査部長）で当時の警視庁捜査一課のエースであった。

三月一五日において〔坂和・加藤〕組が、前述（本書七三頁）したように、陸軍の青酸（毒物）研究の全容をほぼつかむ報告をしていたが、〔小林・仲西〕組は六研で使われていた器材が戦後、国立病院に移管されたことを確認、〔峯岸・大原〕組は六研関係者から似寄り人物をピックアップ、〔須藤・上野〕組は六研にも勤務していた野々山利政から六研の名簿と写真を入手していた。翌一六日には〔坂和・加藤〕組が、習志野学校・六研・五一六部隊の人事交流をつかんでいる。

三月一九日には〔峯岸・大原〕組が、六研における「青酸」研究の専門家である技術中佐・青山虎彦から青酸について聴取した。

〔峯岸・大原〕〔六研技術中佐　青山虎彦からの聴取（3月19日）〕

技術中佐　青山虎彦／技術少佐　堀田晴一
青山は青酸に対する研究をした
青酸
青酸カリ
青酸ソーダ
〔帝銀事件で〕青酸カリを使用したならば戦前輸入したのを使用し／たのである（青酸加里は[redacted]をした　揃えてなし）
工場で使用しているのは　青酸ソーダである
六研では主として　青酸をやっている
薬が多少でもあれば／発酵〔発光〕スペクトル分析がある／色々に見わけるのがある
加里であれば範囲が狭い／（学校とか工場薬屋で戦前あったのを）／使っているかもしれぬ
青酸ソーダ　青酸加里　は揮発性は殆《ほとん》どなし／（変質はする　古くなると溶解はしない）〔中略〕
軍では青酸ソーダから青酸を取る〔中略〕
忠海《ただのうみ》では青酸ソーダを持って行って青酸にする
青酸になると揮発性がある
青酸を冷却して安定させて持って来ていた(13)

この内容は、三月一五日に特捜本部で報告された野々山利政からの情報と重なる部分があるが、より明瞭で分かりやすい。青山によれば、六研で毒ガスとして研究したのは青酸で、第二造兵廠忠海製造所（大久野島《おおくのしま》）では青酸ソーダから青酸を製造していたこと、青酸カリは戦前の輸入品で、それが帝銀事件で使われたとすれば、それを保管している場所はかなり限定されること、薬物が少しでもあれば発光スペクトル分析でそれが何であるかが分かる、というのである。戦前から自殺などに「青酸カリ」が使われたとされることは多く、「青酸カリ」という言葉が流布していたが、戦前において市中に出回っていた青酸化合物は、ほとんどが「青酸ソーダ」（青酸ナトリウム）であったのだ(14)。特捜本部では、事件で使われた毒物を漠然と「青酸加里」と認識しており、軍関係者から出る「青酸」という言葉の意味を十分に理解していたとはいいがたかった。

研究機関からの毒物の流出

六研関係の捜査にあたっている組は、毎日のように「容疑者」を洗い出し、一人一人つぶしていた。特捜本部は、三月第四週（三月二二日〜二八日）からは、捜査の重点から習志野学校を外し、六研と五一六部隊（後述九四頁以下）に全力を集中した。三月二三日には、六研に関して〔峯岸・大原〕〔須藤・上野〕〔曽根・清水〕〔本部情報＝高木検事〕の四組（全一〇組のうち）の報告がなされた。このうち〔須藤・上野〕組は次のように報告している。

〔須藤・上野〕〔六研関係者　小島清38からの聴取（3月23日）〕
六研に居るものは／人を殺す技術は誰もあるのでないのか
兵器製造試作し野戦[redacted]やった／毒物に縁も深い
四十人位いた、戦場の者に似寄りなし
固形物を（基礎）終戦時少量宛貰った
自分も持っている
〔帝銀事件は〕実験室あたりに居たものがやったかと思う(15)

この報告によれば、六研にいた者は毒物の現物を保有している可能性が高い、ということであり、その人物が他人に毒物を譲渡すれば、容疑者の範囲はとてつもなく広がることを意味する。

そもそも六研にいた人びとは終戦時に毒物をなにゆえ貰ったのか。これは、六研に限らず、軍機関・部隊では敗戦時に「自決用」として相当量の毒物を保有しており、これを軍人だけでなく、関係のある民間人にまで渡していた。とりわけ、毒物の現物を大量に保有していた研究所や部隊では、毒物が流出した可能性は高かった。

六研による人体実験と日本軍の毒ガス戦

特捜本部が特に関心をもったのが、満州でやったとされる六研による人体実験である。これについては、習志野学校の捜査の際に間接的・断片的に伝えられていたが、伝聞情報ばかりで「現場」を目撃したという情報はなかった。

〔須藤・上野〕〔六研関根太三66からの聴取：満州での人体実験（3月26日）〕
元六研運用班／〔住所略〕関根太三66
同人から聞く／二十年来六研に努《ママ》めていた〔中略〕
本人の言
人物試験〔人体実験〕を満洲で行った
この時は「チャンバー」と云う／ガラス張の建物を作るガスの漏れぬ／ゴムパッキングの中に入れて／スイッチを捻《ひね》ると青酸ガスがすぐ出て来る／ガスを上空に発散させる
人間には荷札をつけて／一号何分／二号何分／と外で見ている
処分は特設焼却場　電気仕掛けで／ミジンも残らないようにして仕舞ふ
何一つ残らぬ／捕虜をやって／粉にして上空に飛ばして仕舞ふ

「カナリ大量〔に〕やったらしい」此の仕掛けから見て
六研にからむとすれば／整備班の者／を詳しく調べたら如何[16]

この供述は、満州のどこでこれが行なわれたかが明確でないが、青酸ガスによる捕虜を使った人体実験がおこなわれ、電気仕掛けの特設焼却施設から見て、かなり大量に実施していたことを推定させるものである。

特捜本部は、六研については、「青酸」に注目するあまり、その全体像をつかみ損ねている部分があった。日本陸軍は、化学兵器（毒ガス）の研究を六研で、訓練を習志野学校で、製造を第二造兵廠忠海製造所（大久野島）などで行なっていた。青酸ガス（陸軍の秘匿呼称：ちゃ剤）は、いわば日本陸軍が最後にいきついた化学兵器であった。それ以前に、日本陸軍は、催涙性ガス（みどり剤）、くしゃみ性・嘔吐《おうと》性ガス（あか剤）、糜爛《びらん》性ガス＝イペリット・ルイサイト（きい剤）、窒息性ガス（あお剤）などの化学兵器（砲弾・放射筒・爆弾）を実用化、実戦配備していた。そして日中戦争において、みどり剤、あか剤、きい剤と、段階的により強力なものを使用していた。だが、中国軍に対してひそかに毒ガスを使用していたことをアメリカ合衆国から警告され、一九四四年七月に日本軍は中国での毒ガス使用を停止し、大久野島での毒ガス製造も中止した[17]。しかし、その後のさらなる戦局の悪化の中で、日本陸軍はきい剤などの製造を再開、飛行機からの雨下をめざして青酸ガス（ちゃ剤）の実戦使用も模索していたのである。捜査員の質問の仕方もあるだろうが、六研関係者が、青酸ガス以外の毒ガスの製造と実戦での使用について、全くと言ってよいほど語っていないことは重要なことだと思われる。後述する七三一部隊や一六四四部隊における人体実験（捕虜虐殺）も非道な行為であるが、作戦の名の下に行なわれた残虐行為についても隠蔽《いんぺい》しようという空気が感じられる。

六研と諸機関との関係・連絡

そのため六研関係者の中には、より非道と思われる機関・部隊に捜査の矛先をむけさせようとするような発言をした者もいる。四月三日、〔峯岸・鈴木〕組の聴取をうけた元六研の技術少佐・小原高敏は、次のように語っている。

〔峯岸・鈴木〕〔六研技術少佐小原高敏からの聴取（4月3日）〕

同人曰く
六研より登戸や石井部隊が有望
六研は主に青酸ガスの方をやっていたので
登戸の[redacted]秘密の研究[redacted]〔が〕よいと思う[18]

しかし、客観的事実として六研が陸軍の化学戦に関する中核的機関であったことは間違いなかったので、陸軍の多くの研究所・学校・部隊が、さまざまな形で六研とかかわる仕事をしていた。五月一五日に〔峯岸・鈴木〕組が聴取した元六研技師・林茂は六研を中心とした種々の組織のネットワークについてこう語っている。

〔峯岸・鈴木〕〔六研と関係し連絡のある諸機関（5月15日）〕
〔元六研技師・林茂からの聴取〕
六研に関係し連絡のある場所
（a）歩兵学校（ガスマスクの関係で）
（b）砲兵学校（砲弾の中にガスを充填）
（c）工兵学校（防空壕を作ってガスが入／ってくるのを防ぐ為）
（d）中野学校（謀略）
（e）忠ノ海（製造している関係で）
（f）八研（化学資材を研究する）
（g）九研（謀略）青酸イペリットがどんな方法／で防げるか化学材料の研究
（h）習志野学校（従来）
（i）五一六部隊（従来）実際の場合各隊から来／たものに使用法及防護
其他に外地で関係あるもの無し

石井部隊には関係なし(19)

林は、捜査員にこう供述し、「石井部隊には関係なし」としているが、前述した人体実験はいったいどこで行なわれたのか、七三一部隊ではないとすると関東軍化学部（五一六部隊）ということであろうか。また、六研と密接な関係にあったのは、国内ではこの他に陸軍糧秣廠があった。これは林が五月一五日の聴取の際に言い落としたことである。林は糧秣廠のことを、前日の一四日に〔峯岸・鈴木〕組に話しているからである。

ここで六研から糧秣廠に話を移そう。

3　陸軍糧秣廠

青酸の解毒剤を開発した糧秣廠

糧秣廠とは、陸軍の糧秣すなわち将兵の食糧と馬匹《ばひつ》の秣《まぐさ》の調達・製造・補給などを担当する機関で、東京の越中島《えっちゅうじま》に本廠が、札幌・仙台・浦和・名古屋・大阪・広島・福岡に七つの支廠があった。糧秣廠は、毒物・毒ガスなどには関係がない機関に見えるが、実は、糧秣に毒物が混入されたり、毒ガスを浴びたりした際の解毒剤の開発をしていたのである。六研の捜査をしていくなかで、捜査員たちも糧秣廠における解毒剤の情報を得た。普通だったら、解毒剤のことなどは毒殺事件には無関係のように見えるが、帝銀事件においては、犯人が犠牲者たちの前で第一薬を飲んでみせており、あらかじめ、あるいは事後に解毒剤を飲んだのではないか、と疑われていた。したがって、糧秣廠の解毒剤の情報に捜査員たちは関心をもったのである。五月一四日、元六研の林茂技師は、〔峯岸・鈴木〕組に次のように語っている。

〔峯岸・鈴木〕〔六研技師・林茂からの聴取：青酸の解毒剤（5月14日）〕
六研関係と他との関係／を取るべく色々やった／表を作って出しておいた
◎（林茂）林技師（博士）の話
昭和十八年頃／糧秣廠で／青酸の解毒剤を研究して之が完成した
その薬の主体は／ハイポ／四角になっている錠剤一個五g位のもの
一錠飲むと飲んでから二時間くらいは／青酸をのんでも死なぬ
青酸も致死量及其の二倍位ならば／大丈夫だ
十八年頃糧秣廠の方から六研に通知が来た／ので其書類を見て知っている(20)

糧秣廠について特捜本部に報告されたのはこの日が初めてであった。糧秣廠についての報告は、捜査終結までに全部で一六本が記録されている。その内、五月第三週・第四週・六月第一週に合計一五回が集中している。五月二〇日には同じく〔峯岸・鈴木〕組が、糧秣廠の元技師・小山栄次から聴取して、青酸解毒剤（錠剤八万個）が大戦末期に硫黄島に送られたが、船が沈んだこと[21]などの情報を得た。

大戦末期に想定されていた青酸ガス使用

さらに五月二八（二七）日には、解毒剤の製造やその監督にあたった人物から次のような証言を引き出している（『甲斐捜査手記』には五月二八日の記述が二つある一方、二七日の記述が報告一本にすぎないので、以下に引用する報告は五月二七日のものかもしれない）。

〔峯岸・鈴木〕〔糧秣廠の長松武蔵（万有製薬）からの聴取（5月28か27日）〕
解毒剤はチョウ錠と云った
之を製造担任した長松武蔵／に就いて聞いた処
十八年頃より六十万個宛二回　百二十万個／次に百二十万個二回

仕上げて薬は全部糧秣本廠〔へ万有製薬から納品した〕
月島《つきしま》の方には船で送ったり又飛行機で南方へ／送った　船沈没したものもあり　空襲で百二十／
万個の二回目は空襲でやられた数は帳簿がな／くて判らぬ　何十万は届いている〔中略〕
チョウ剤の効力は相当
参本の統轄　女とか人間に実験して効力／があるので製造したことになる
詳しい事は製造者には判らぬ
青酸ガスの防護として作った事は知っている之を／呑んで青酸加里に聞く《ママ》かどうかは判らぬ
整備の方から促された〔中略〕
〔糧秣本廠整備部長大佐　二味久からの聴取〕
糧秣本廠整備部長大佐　二味久／に就いて聞いて見た
二味は二十年四月／本廠に行って終戦迄いたので前の事は判らぬ
軍からいそがれたので部下の者にハッパをか／け作らした事はしっているがその薬をどうし／た
かはハッキリ分らぬ
前の鈴木整備部長／に聞いた方がよく分るだろう
実験したのは／復員局医務関係（戸山病院）／では　実験しているなら／戸山学校の病理部／で
やったと記憶している
登戸現地ではやっている

満州方面にも持って行ったと二見《ママ》は言っている[22]

糧秣廠で青酸の解毒剤（チョウ剤）の製造を担当し、戦後は実際の製造にあたった万有製薬につとめている長松武蔵は、六〇万個・一二〇万個という単位で「チョウ剤」を製造して南方などに送ったこと、「参本の統轄」のもとで「女とか人間に実験して効力／があるので製造した」ことを語っており、この解毒剤も実際に人間に飲ませて実験したことをにおわせている。また、糧秣本廠整備部長だった元大佐・二味久は、大戦末期にこの解毒剤の製造が軍から急かされたこと、実験は「登戸」で、あるいは「満州方面にも持って行った」ことを証言している。満州に持っていく、というのはおそらく満州で人体実験をしたということであろう。解毒剤の人体実験については、五月二八日（二度目の報告）に、やはり〔峯岸・鈴木〕組が、糧秣廠の元技師・岩垂荘二から「チチハル方面で人物試験〔人体実験か〕をやったらしい[23]」との供述を得ている。チチハルとは後述する五一六部隊の所在地である。

なお、大戦末期に青酸ガスの解毒剤の製造を陸軍が急がせたのは、米軍による毒ガス使用への防護措置とも考えられるが、前述したように六研に関係する三方原航空隊が飛行機からの毒ガス雨下実験をやっていたことに鑑みれば、主として、日本軍が米軍に対して青酸ガス攻撃を加えた際に、日本兵を守るためと考えられる。

〔峯岸・鈴木〕組は、人体実験にも関係し、犯人も使ったかもしれぬ解毒剤について執拗《しつよう》に捜査した。五月二九日には次のような報告をしている。

〔峯岸・鈴木〕〔糧秣廠の元少将川島四郎からの聴取：解毒剤のこと（5月29日）〕

元主計少将　川島四郎　54〔中略〕

解毒剤〔のこと〕を聞いた

藤山技師が十三年頃から初めた／犬や鼠《ねずみ》を使用して実験効果あり／十七年頃発表会あり私も行き／藤山は有功賞〔陸軍技術有功章〕

陸軍省参本軍医局／の権威者が行き審査の結果有効と認められ／之は効果があったものと思うがよく判らぬ

糧秣廠研究所特別室／があり同所のものも入れずに秘密にやった／ので研究専従者以外には判らぬ

〔犯人についての〕意見を聞くと

知能的／薬物に関しウント知識あるか／全然知らずにめくらめっ方にやって／解毒剤を呑むと云う事は出来ぬ(24)

青酸解毒剤は、効力があったようである。川島四郎も「めくらめっ方にやって／解毒剤を呑むと云う事は出来ぬ」としており、もし解毒剤を使ったとすれば、犯人は相当に知識と技能を有する者ということになる。

しかし、元軍医・薬剤師をターゲットにした容疑者の特定はなかなか進まず（年齢・人相に合致した人物が見つからない）、前述したように六研関係は五月第二週、糧秣廠関係も六月第一週頃には行き詰まりを見せるに至った。この方面の捜査が手詰まりとなった頃、〔峯岸・鈴木〕組は少し奇妙な情報を聞き込んできた。

〔峯岸・鈴木〕〔糧秣廠の嘱託医師　高橋知広からの聴取（6月4日）〕

〔糧秣廠の嘱託医師であった高橋知広43からの聴取〕

◎高橋曰く

犯人は露店の薬屋でもよくないか／私の先生が講義したらそのままの事を大道の／薬屋が盛に述べていた／ので先生が驚いた(25)

この聞き込みがきっかけとなったのか、軍関係の関与について最も早くから指摘していた峯岸演二刑事率いる〔峯岸・鈴木〕組は、この後、露天商・的屋《てきや》・香具師《やし》関係の捜査へと回されることになる。

4　関東軍化学部（五一六部隊）・五二六部隊

化学戦研究・教育部隊としての五一六

特捜本部が、捜査員の報告から「五一六部隊」という名前を初めて聞いたのは、三月一五日、習志野学校の捜査の際であった。この時、〔須藤・上野〕組等が、野々山利政から聴取した内容の中に日本陸軍で「青酸」をあつかった諸機関の一覧があり、「7．五一六部隊（習志野と同様／満洲）」が出ている。この「習志野と同様／満洲」とは、五一六部隊が、満州に駐屯する部隊であり、習志野学校と同じように化学戦（毒ガス・毒物）の訓練をおこなう研究・教育機関としての性格をもっている、ということを言っている。

五一六部隊とは、一九三九年八月に関東軍技術部から独立し、チチハルで編成された関東軍化学部の秘匿号で、最後の部隊長は丹羽利男大佐であった。

五一六部隊に関する報告は、捜査全期間を通じて三二本（姉妹部隊である五二六部隊を含む）あるが、二九本が〔坂和・仲西〕組、二本が〔坂和・加藤〕組、一本が〔峯岸・鈴木〕組によるもので、三月第三週から四月第三週の六週間に集中している（この期間に三二本）。
三月二二日、〔坂和・仲西〕組は習志野学校から五一六部隊へ転任した経験をもつ日下浩一から聴取をした。

〔坂和・仲西〕〔五一六部隊関係者　日下浩一32からの聴取（3月22日）〕
日下浩一32
習校〔習志野学校〕から五一六部隊に行った〔中略〕
五一六部隊の隊員は／六研習校の研究の結果満洲チチハルで実験している
隊員〔としては〕／化学者技手医者薬剤師／が兵隊よりも多かった
百名位が内地に帰っているだろう(26)

「六研習校の研究の結果満洲チチハルで実験している」とは、日下自身そうであったように、六研で研究、習志野学校で教育の経験を積んだものが、満州チチハルの五一六部隊に赴任したことである。この後、〔坂和・仲西〕組は、連日、五一六部隊の隊長だった元大佐・丹羽利男のもとに通った。

〔坂和・仲西〕〔五一六部隊長　丹羽利男からの聴取（3月23日）〕

五一六部隊長／大佐丹羽利規〔丹羽利男〕
他に軍部の[redacted]
医薬剤師医者の[redacted]（技手代[redacted]）
部隊を[redacted]当時の名簿を／昨日持参の事を云う
隊多くない、九研が多い／事務関係に大勢いた、技術者である
医者は出いりしたもの多く特長人相の者は／思い出さぬ(27)

〔坂和・仲西〕〔五一六部隊長　丹羽利男からの聴取（3月24日）〕
〔丹羽より五一六部隊名簿（150名位）を借用〕
五一六部隊〔中略〕
関東軍化学研究所〔関東軍化学部〕は大量に／青酸加里を使っていた
大[redacted]連中は配った青酸加里を持っていた
一人一人分けるつもりの分／一杯あるので将校が「カリ」を持って来た
連中で[redacted]してたの？此の将校は判る
丹羽は十九年から五一六部隊
気球関係は殆ど帰ったが／研究方面の者は一人も帰ってない
三十名内外はソ連に収容

実験は〔大々的の〕年二回乃至三回／当時六研からも来た
大[redacted]より青酸加里を呑ませるよりも人間／に対するのは毒ガス
◎第一薬／第二薬は研究にはやっていた／〔内容も変わらぬ〕
青酸ガスを作るため一薬二薬と云う言葉／でやった
人に呑ませる実験はやっていなかった／〔日曜に行きユックリ聞く事〕(28)

この部分は、判読不明の文字が多く、読みづらいが、〔坂和・仲西〕組は五一六部隊の最後の隊長だった丹羽から隊員名簿を手に入れた。そして丹羽は、将校連中が「青酸カリ」を所持していたこと、大々的な実験を年に二〜三回、六研からも人が来て、毒ガスの人体実験をやっていたことなどを語ったが、毒物を飲ませる実験については否定した。

五一六部隊における人体実験

隊員名簿をもとに〔坂和・仲西〕組は、五一六部隊の元隊員を訪ね歩き、三月二六日に技手だった小野寺長橘を取り調べた。

〔坂和・仲西〕〔五一六部隊技手　小野寺長橘47からの聴取：人体実験（3月26日）〕

五一六　衛生学技手　小野寺長橘47〔中略〕
本人白《しろ》　同人に■■聞くと／十二年から五一六部隊へ／丹羽大佐と共に帰って来た
五一六でも人物／動物両方の試験／人物は青酸ガス試験　■部報告通り
青酸加里を呑ませた研究は部隊としてはやらぬ
体験要領
　一室に入って自分で何分耐久力あるかを試験し／て相当犠牲者が出ている
　時計を見て苦しくなったら中和剤を呑む／此れは常にやっていた
小野寺曰く
終戦二、三日前　石井部隊と合流して／コウ化でソ連と一戦やるつもりで出たら
石井部隊は南下した（先へ逃げた）／五一六も南下して逃げた[29]

小野寺は五一六部隊で青酸ガスの人体実験がおこなわれたことを語ったが、試験する側もガス室に入って、「何分耐久力あるか」「苦しくなったら中和剤を呑む」といった一種の人体実験をおこない、「相当犠牲者が出ている」と証言した。捕虜等を使った人体実験は、最も非人道的なものであるが、実験をする側（隊員）も命をかけた実験を強いられる、という五一六部隊は恐るべき職場であった。〔坂和・仲西〕組はさらに人体実験を追及していく。

〔坂和・仲西〕〔五一六部隊　宮松亨46からの聴取（3月31日）〕
宮松曰く
第三班が先方で／青酸加里をやった（中心になった）
四班、五班がガス研究した
将校だけ[redacted]位[redacted]されている（川端）
捕虜を含めてガスを発散して大変にやった／生体解剖／（死刑に該当する人間）
加里を呑ませる／部隊ではやらぬが／八月二十三日には残留の家族には皆渡された
〔中略〕
丹羽の処へ宮松が訪ねた所／丹羽の妻が
先日は警視庁の方へ帝銀事件で行ったが／満洲でも同じ事件があったと云った[30]

宮松の証言によれば、五一六部隊の第三班が青酸カリなどの毒物研究、第四・五班がガス研究をしたとしている。「捕虜を含めてガスを発散して大変にやった」としており、さらに生体解剖がおこなわれ、こうした実験に使われるのは「死刑に該当する人間」としているので、「捕虜」とされているのは、多分に反満抗日運動によって捕まった人びとであったと思われる。〔坂和・仲西〕組は、四月六日、丹羽大佐の前に一九四四年六月から四五年七月まで五一六部隊長であった秋山金正少将から聴取している。

〔坂和・仲西〕〔五一六部隊長　秋山金正少将からの聴取（4月6日）〕

秋山は自分の意見では　軍関係でないか

軍では（五一六でないと云えぬが）／かかる大胆な事は

謀略　石井部隊

呑ませるのは極めて少数である

関東軍情報部／部落の先方についているのは青酸加里要員／でやった

特務機関がよい　大体之がいっている

第一薬／第二薬は軍に拘泥《こうでい》しては間違うと思う／（一薬二薬は一度に呑ませる手段）

他の銀行

〔帝銀では〕十八人も呑んだと云うが

それは秋山さんは殺すためでなく麻痺／状態にして仕事をするのではないか

殺すためにやったなら売ってもよい／青山等の意見には反対

人相は白毛なし黒いというのは[redacted]が

五一六を白毛交りを[redacted]にすれば大体／秋山が考えれば判る

五一六は満洲では殆ど各部隊に教育している

相当広範囲に一[redacted]部隊から五六名位まで／研究している(31)

秋山は、帝銀事件の犯人を「軍関係でないか」としつつも、「かかる大胆な事」は、石井部隊、関東軍情報部（ハルビン特務機関の後身）、特務機関ではないかと指摘している。確かに、化学戦部隊の場合、一般的には毒ガスによる大規模な作戦（野戦）あるいは、「ちび」（青酸ガスを発生させる手投げ弾）を戦車に投げ込むといった戦闘場面を前提としており、毒物を飲ませるという行動は、「謀略」＝狭義の秘密戦の分野であるといえる。

五二六部隊の存在

〔坂和・仲西〕組は、五一六部隊を洗うことで容疑者を浮き彫りにしようとしたが、さらにもう一つの部隊の存在を確認する。四月二〇日、五一六部隊の姉妹部隊としての五二六部隊が浮上する。

〔坂和・仲西〕〔小野寺長橘からの聴取：五二六部隊の情報（4月20日）〕
五一六姉妹部隊（昨日未報告の）／五二六部隊→明石部隊
小野寺長橘／五二六へ行った〔中略〕
初めはチチハルに聯隊としてあったが「フラルキ」〔フラルギ〕へ十七年頃
一部移転した（約二大隊八百人）

チチハルへは千名位いた
「フラルキ」は／此の役割には／撤毒／瓦斯放射
チチハル／撤毒の外に／迫撃砲弾へ青酸を入れて／発射する
小野寺は三、四ヶ月で五一六に帰った／将校技術者は丹羽に聞けば判る
部隊長／最後は杉屋中佐／が二十年の終戦前にチチハルから南方へ行った
一人前になると中支、南方へ行き／新しいのが入って更に教育して他へ転ぶ〔中略〕
五二六部隊を居木井が報告していた
「フラルキ」はチチハルから別れた[redacted]部隊
之は軍属及現地の召集兵[redacted]集が多かった（技術者が多い）
小野寺は三、四ヶ月しかいないので判らぬ[32]

小野寺は、みずから五二六部隊に一時的に移り、また五一六部隊に戻った経験から、フラルギに駐屯した五二六部隊について語った。毒ガスの散布は、砲弾や迫撃砲弾、放射筒（ガスボンベ）、飛行機による雨下などの方法があるが、チチハルの五一六では迫撃砲、フラルギの五二六では放射筒を主に訓練していたようである。〔坂和・仲西〕組は、翌四月二一日にも、前述の五一六部隊長だった丹羽大佐に会い、最後の五二六部隊長が深山松男大佐であったこと、その前任が加藤大佐、さらにその前任が明石大佐であったことなどを聞き出した[33]。この深山は、三月一三日に〔須藤・上野〕組が、習志

野学校関係者として聴取し、シロと認定していた人物であった。

四月二四日に〔坂和・仲西〕組は、五二六部隊の隊付医師であった兼藤四郎から聴取した。しかし、兼藤から得ることができたのは、「青酸加里は部隊の者はよく知らぬ　知る必要なし」「四十才以上は部隊長以外になし」という情報で、結局、〔坂和・仲西〕組は、

名簿から見ても／五二六部隊は本件には部隊長以外／には関係ないと思う
部隊長三人はマダ会ってない
結論　此の部隊は縁薄いし　帰って来てるの殆どなし(34)

と結論を出すに至った。習志野学校と同様の役割を果たし、習志野・六研とも密接な関係にあった五一六部隊、その姉妹部隊である五二六部隊は、帝銀事件の犯人捜査という点では、年齢という点で「容疑者」は限定されており、〔坂和・仲西〕組の連日の努力にもかかわらず、有力容疑者を絞り込むことはできなかった。

5　陸軍第二造兵廠忠海製造所（大久野島）

化学兵器製造の最大拠点

陸軍第二造兵廠忠海製造所は、一九二八年八月に広島県大久野島に設置された、日本陸軍における二つの毒ガス専門製造工場の一つである（もう一つは陸軍第二造兵廠曽根製造所〈北九州市〉）。忠海製造所は、一九三三年頃から毒ガスの大量生産を始めたといわれ、一九四〇・四一年頃にその生産はピークに達した。

日本陸軍の毒ガス関係機関としては、研究開発の六研、教育をほどこす習志野学校と五一六・五二六部隊は、帝銀事件の捜査線上にもっとも早く浮上した。しかし、毒ガス製造の忠海製造所については、ほとんど注目されなかった。「忠海」の名前が、特捜本部会議で初めて出されたのは、三月一九日、六研にいた技術中佐・青山虎彦による「青酸」の説明の中で、「忠海では青酸ソーダを持って行って青酸にする」という個所である（本書八〇頁）。

しかし、その後、忠海製造所について触れられることがなく、特捜本部での報告も全期間で四本にすぎなかった。その四本は八月に集中している。軍関係の捜査が行き詰まりつつあった八月四日になって須藤刑事が東京第二陸軍造兵廠忠海製造所工場長であった陸軍少佐・佐々木諭の聴取を行なっている。

〔須藤・なし〕〔大久野島＝忠海製造所の情報（8月4日）〕
東京第二陸軍造兵廠〔住所略〕／廠長　陸軍中将　信氏良光〔吉〕
復員局へ行き井上さん〔井上義弘〕に聞いて／名簿から出して貰って行った
本日はその内一人にだけ会った
元陸　少佐　◯白　佐々木諭　35
◎忠海工場の工場長をした
〔東京第二造兵廠は〕輩下に製造所約十三ヶ所ある／内十一は火薬爆薬
他の二ツは　化学兵器　毒ガス及煙関係（発煙筒／焼夷弾）
東京第二造兵廠／忠海製造所
青酸も作った
忠海ではイペリット／ルイサイト／ジフゥエニル／シアンアンモン（ク[redacted]ヤン）／青化ソーダが
主剤／青酸

忠海　所長がいて／其の下に庶務係　中尉大尉
工務係　少佐／検査係　技師／会計係　中尉／工場　少佐／とある
佐々木――十七～十八年にかけて
忠海の工場長として／工員其他を集めて千名位いたらう
技術者（工業学校以上）三十名位／工員八百名位
所長中佐　広島
品物を作って補給■（補給廠分廠に／引渡した）
補給分廠から送られる／本部に直接来たのはなかった
東京関係
1. 陸軍習志野学校
2. 六研（一番多く送られた）
3. 海軍工廠／（青酸を送る時は責任者も付いて来る）
忠海では　小学校出を／工員養成所あり　三年間位入れて／特別教育を授けて使った
大半は地元で採用したので東京在住／者の記憶なし
六研とは人事交流があった
一日三 ton 位青酸を作った
九研　曽根〔東京第二造兵廠曽根製造所〕

主として青酸を送って弾丸に詰めかへる
之もあまり成功しなかったのでないか
忠海は欧州大戦直後から動いた／（内閣　人事院追放者の事は全部判る）(35)

特捜本部の捜査は、容疑者を捜すことを第一の目的としているので、この聴取も、目立った人物をピックアップしようとしたものだと思われるが、須藤刑事は、ここでどのような毒ガスが製造されていたのかも記録している。ここでは「イペリット／ルイサイト／ジフゥエニル／シアンアンモン（ク[redacted]ヤン）／青化ソーダが主剤／青酸」が製造されていたとされるが、このうちイペリットとルイサイトが「きい剤」と呼ばれる糜爛性ガス、ジフゥエニル／シアンアンモンと改行されて書かれているものは、実際には一つの名称で、「ジフェニルシアノアルシン」で、「あか剤」と呼ばれるくしゃみ性・嘔吐性ガスのことである。「青化ソーダが主剤／青酸」とあるのは、青化ソーダ（青酸ソーダ）を原料として、「ちゃ剤」と呼ばれる青酸ガスを製造していた、ということであろう。この他に、「みどり剤」と呼ばれた催涙ガス、「あお剤」とよばれる窒息性ガスのホスゲンも製造していた。

アジア太平洋戦争期の中国戦線では、「あか剤」はごく日常的に使用されており、「きい剤」も使用された。しかし、これは日本の締結・批准していた一九二五年のジュネーブ議定書における生物化学兵器の先制使用にあたる行為であったので、日本軍は文書では毒ガスのことを「特種煙」などと称していた。

また、忠海製造所では、いわゆる毒ガスだけでなく、発煙筒や殺虫剤も製造していた。その中でサイロームと呼ばれた殺虫殺鼠剤は青酸を原料にしていた。あくまでも青酸を追及しようとした〔須藤・栗原〕組は、八月六日に、忠海製造所の戦後における資材処理について、

〔須藤・栗原〕〔第二造兵廠の資材処理問題（8月6日）〕
〔元第二造兵廠長　中将　信氏良吉〕
忠海にあった資材の処理
終戦時同所の資材は広島県三原市の帝国人絹会社に渡され／職工も大半其処に移りサイローム〔殺虫剤〕も同会社で製造し建物／（忠海の）も譲渡された　サイロームは近く民間へ出す事を聴いて／いる(36)

おそらく時間があれば、この後、資材処理のなかで、忠海製造所の青酸やサイロームが持ち出された形跡がないかどうか、その処理作業にあたった人物は誰か、といった方向での捜査もあり得たと思われるが、遠隔地である忠海製造所に対する具体的な調査・捜査はおこなわれることなく、軍関係捜査は終結してしまう。

第三章　捜査で浮上した日本の生物戦部隊

1　関東軍防疫給水部（七三一部隊）

捜査線上への石井部隊の浮上

習志野学校を皮切りに六研、五一六部隊といった化学戦関係機関に注目していた特捜本部は、これらと並行して生物戦部隊である「石井部隊」の情報も少しずつ掴んでいた。捜査の重点が「松井名刺」におかれていた二月一二日、〔針谷・鬼沢〕組が、松井蔚とジャワのバンドンで共に働いていた倉内菊雄という人物を洗い出し、「ハルビン七三一部隊を連れて倉内はバンドンに行き[1]」と報告している。特捜本部が「七三一部隊」という名前を聞いた最初である。さらに二月一五日、捜査員〔加藤・新木〕組は武田製薬東京工場に勤務する人物から次のような情報を得ていた。

〔加藤・新木〕〔松井蔚名刺関係（2月15日）〕
色々聞いてみたら　石井四郎／陸軍軍医大佐（復員の時中将で帰へる）
同人は戦地で細菌と毒薬の研究をした／部下は大佐がついていた
原住民の毒殺を指揮した
松井博士がバンドンにいたから石井を知っている／だろう
石井の部下には此の方面の専門の者があった
松井が知っているとすれば研究を要する[2]

「石井四郎」という名前が、特捜本部で報告された最初である。最後の「松井が知っているとすれば研究を要する」は、捜査員の意見だと思われる。だが、「松井名刺」や似寄り人物・投書などの情報確認に忙殺されていた特捜本部の報告には、それからおよそ一か月、「七三一」も「石井四郎」も出てこなかった。

それでも、習志野学校から六研、さらに五一六部隊へと捜査が拡大するなかで、特捜本部が、日本陸軍における「青酸」関連機関のほぼ全容をつかんだ三月一五日の〔坂和・加藤〕組の報告の際、満州の「石井部隊」の名前が出され、「極秘の研究所」である「稲田登戸研究所」も「石井部隊と密接な関係あり」と説明された（本書七五頁）。三月一七日には、〔須藤・上野〕組が、元軍医大佐・河井鉄男から石井部隊についてのかなり具体的な情報を聞き込んできた。

〔須藤・上野〕〔元軍医大佐　河井鉄男40からの石井部隊情報（3月17日）〕

河井先生の話

石井部隊は／私が聞いた範囲でも大部隊で飛行機も／持っている部隊

軍属此他を入れて千五百名位のものだから／可成り規模の多いものでせう〔中略〕

此の部隊の兵隊でも自分の部署以外の／処へ出入する時は目隠しで出入する／自分の研究室以外は見る事出来ない〔中略〕

石井部隊長〔石井四郎〕　千葉のあたりに居るらしい／豪胆な軍人タイプの人で陸軍大臣も一目置いた

石井部隊は／青酸の研究が重《おも》〔主〕ではないかと河井の言

人物に就て実験した筈なんだから

習校とは違う　青酸瓦斯の研究で性質が違う／石井部隊は本当の人物の試験をしたですから

人相の酷似している人物も／千葉あたりにいるのではないか
現在属〔軍属〕だけでも数多い　やったものでなければとてもあんな／やり方はやれぬ(3)

「人物に就て実験」とか「本当の人物の試験」とは、明らかに人体実験のことであるが、河井が、石井部隊は「青酸の研究が重〔主〕」だとしているところを見ると、河井自身は石井部隊での勤務経験はなく、石井部隊の生物戦部隊としての本質を知らないようである。この翌一八日、引揚者・病院関係者を洗っていた〔曽根・金沢〕組も石井四郎と石井部隊（通称・加茂《かも》部隊、石井の出身地千葉県の加茂という地名に由来する）のことを聞き込んできたし(4)、一九日にも〔留目《とどめ》・金沢〕組が、軍医学校防疫研究室から石井部隊に行き、そこから各地の防疫給水部に移っていった多くの軍医がいることを報告し、『甲斐捜査手記』には、「防疫給水部―覆面部隊―毒殺分体〔分隊か(5)〕」の記述が残っている。これらの報告は、石井部隊に対する特捜本部の関心を高めたことは明らかであるが、ちょうど習志野学校・六研・五一六部隊に優秀な捜査員を投入している時期でもあったので、特捜本部が石井部隊に重点を置くようになったのは、これらの化学戦部隊への捜査が進展しなくなった四月第二週以降である。

それでも、それ以前に特捜本部は、実際に石井部隊に所属していた軍医に接触していた。三月二五日、〔菊地・金沢〕組が、国立第一病院に勤務する三人の医師から聴取した際、このようなことを聞き出した。

〔菊地・金沢〕〔石井部隊情報（3月25日）〕
国立第一病院　高橋元吉37／廣昭武経40／清見淳42
三人で全て話してくれた〔中略〕
清見が軍医学校教官し乍《なが》ら石井部隊にも三カ月位勤ムした
清見の言
関東軍防疫給水部の機構
総務＝一般事務
一部＝防疫一般研究
二部＝細菌攻撃
三部＝給水部（水の検査）＝現場検水箱
四部＝血清ワクチン製造
教育部
毒物検査箱（現場検水箱）が正しい
全部で千名位（防疫給水部本部）(6)

この証言をした清見医師は、軍医学校の教官をしながら石井部隊にも短期的に勤務したということで、かならずしも石井部隊の内情に詳しいとは思われないが、それでも実際にそこに勤めていた人物との接触は、特捜本部にとっては重要な情報源を得たことには違いない。ただし、捜査は、関係者を芋づる式にあたっていくために、時には「あの人は○○部隊にいたらしい」との情報を得ても、錯誤もあった。たとえば、三月二九日、〔小林・小川〕組は、「石井部隊の医師／井田清[7]」から聴取し、「中和剤」のことを聞き出しているが、実はこの井田は、石井部隊ではなく一〇〇部隊（関東軍軍馬防疫廠）の隊員であった。

石井部隊への本格的捜査

特捜本部による石井部隊関係者への本格的捜査は、四月第二週（本書七六頁、表8参照）から始まった。石井部隊（七三一部隊）関係の報告は、三月第三週＝三本、第四週＝二本、第五週＝一本であったが、四月第一週＝六本、第二週＝一三本、第三週＝九本、第四週＝一四本と大いに増加した。七三一部隊関係の報告は、全期間で一七四本あり（本書三九頁、表5参照、なお、表7〜13は週別での数値を示し、表5は「捜査期」で分類している。その点は注意して見てほしいが、合計数として一目でわかる表として表5を参照してほしい）、全軍関係機関・部隊で最多であるが、四月第二週以降六月第五週にいたるまで、一二週連続で週別の報告数がトップであった（五月・六月の軍関係の捜査は、表9・表10参照）。

【表9】5月の軍関係の捜査（機関別・週別）

	第1週	第2週	第3週	第4週	合計
	5/3～	5/10～	5/17～	5/24～30	
陸軍科学研究所	－	－	－	－	0
六研	5	6	－	1	12
九研	5	6	6	7	24
七三一部隊	10	12	12	10	44
一六四四部隊	3	6	7	6	22
その他防疫給水部	－	1	3	－	4
一〇〇部隊	4	5	5	－	14
陸軍軍医学校	4	－	－	1	5
陸軍獣医学校	－	1	－	－	1
習志野学校	－	－	－	－	0
五一六・五二六部隊	－	－	－	－	0
陸軍中野学校	4	5	5	3	17
特設憲兵隊		1	－	－	1
特務機関	1	2	2	3	8
陸軍衛生材料廠	－	－	－	－	0
陸軍糧秣廠	－	－	4	6	10
その他	5	1	5	－	11
内訳合計	41	46	49	37	173

出典：警視庁捜査一課甲斐文助係長『捜査手記』第５巻・第６巻・別巻（平沢貞通弁護団所蔵）より作成。

四月六日、〔白《しら》神《かみ》・向田〕組は、石井部隊の技手（運転手）であった村田静良（46）から「太田大佐が人事に関しては之は良く知っている／（中尉当時から七三一部隊に勤めていた）／石井の副官として従った事もある[8]」との証言を得て、キーパーソンの一人である太田澄（七三一部隊第二部＝実戦研究担当の部長）の存在をつかんだ。

【表 10】 6月の軍関係の捜査（機関別・週別）

	第1週 5/31～	第2週 6/7～	第3週 6/14～	第4週 6/21～	第5週 6/28～7/4	合計
陸軍科学研究所	−	−	−	−	−	0
六研	−	−	−	−	−	0
九研	5	7	2	2	8	24
七三一部隊	12	12	7	11	10	52
一六四四部隊	6	5	6	4	6	27
その他防疫給水部	−	−	−	−	−	0
一〇〇部隊	−	−	−	−	−	0
陸軍軍医学校	−	−	−	2	4	6
陸軍獣医学校	−	−	−	−	−	0
習志野学校	−	−	−	−	1	1
五一六・五二六部隊	−	−	−	−	−	0
陸軍中野学校	3	−	−	−	−	3
特設憲兵隊	−	−	−	−	−	0
特務機関	3	2	−	1	−	6
陸軍衛生材料廠	−	−	−	−	−	0
陸軍糧秣廠	5	1	−	−	−	6
その他	−	−	1	−	−	1
内訳合計	34	27	16	20	29	126

出典：警視庁捜査一課甲斐文助係長『捜査手記』第6巻・第7巻・別巻（平沢貞通弁護団所蔵）より作成。

四月八日には、〔留目・金沢〕組が石井部隊の隊員であった山田二郎（第二部無線班員）から石井部隊は「東郷部隊〔石井の変名・東郷ハジメに由来〕」「加茂部隊」と通称され、その後で「七三一部隊」となり、本部がハルビン、支部がハイラル・牡丹江《ぼたんこう》・林《りん》口《こう》・孫呉《そんご》にあった、[9]との証言を得た。同じく四月八日には〔白神・向田〕組が、一九四二年八月から四五年三月まで関東軍防疫給水部長（七三一部隊第二代隊長）をつとめた元中将北野政次からの聴取をおこない、七三一部隊の組織概要と幹部人事をつかんだ。その際に北野は、「毒殺をした事は無いが細菌を使用した事はある」[10]とごまかしている。四月一二日には、〔曽根・金沢〕組が八木沢《やぎさわ》行正《ゆきまさ》（第二部班長）から重要人物の名前などを聴取している。[11]〔曽根・金沢〕組は、翌一三日に八木沢から聞いた、七三一部隊第一部（基礎研究担当）で課長をつとめた二木秀雄を訪ねた。二木は、帝銀事件の犯人は「十六人を一緒にタイムを取って殺した者は軍の指導者であろう」[12]と語った。四月二一日、〔白神・向田〕組が第二部で課長をつとめた増田美保から七三一部隊の第一部と第四部で「薬で人を殺す研究をしていた」[13]との証言を得た。

石井部隊は時期によって異なるが（本書一一三頁の清見証言など）、七三一部隊の時期には総務部・第一部（基礎研究）・第二部（実施＝実戦研究）・第三部（防疫給水）・第四部（細菌製造）・教育部・資材部・診療部に分かれ、部の下に多数の課を擁していた。

このように、石井部隊＝七三一部隊関係の捜査は、次第に部隊の要人を探り当て、断片的ではあるが、部隊の秘密に接近しつつあった。だが、いまだ隔靴《かっか》掻痒《そうよう》の感があった。これを打開するために、特捜本部は〔白滝・松原〕組に石井部隊関係者が多い千葉方面への出張を命じ、〔白滝・松原〕組は四月二四日にその結果を報告した。その中で、石井部隊の幹部であった元軍医大佐・増田知貞《ともさだ》からの聴取は、これまでにない情報を多く含んでいた。まず、石井部隊から分かれた多摩部隊（一六四四部隊）というものがあったこと、石井部隊における具体的な役割分担が次のようなものであったことが判明した。

〔白滝・松原〕〔増田知貞からの聴取：石井部隊の役割分担（4月24日）〕

総務課長　小野寺義夫〔小野寺義男〕

第一課（攻撃）細菌戦術による攻撃

　課長不明　[redacted]に兵隊を用いてやる／兵隊が薬を持って敵地に飛込んでやる

第二課　細菌学の研究

　中佐　伊藤[redacted]

第三課　防疫給水

　サイパン島で戦死　服部大佐

第四課　薬剤　山ノ内忠重〔住所・勤務先略〕

教育課　下士官の養成をした処である

診療課　課長不明

資材課　山ノ内の兼務と思う

〔中略〕

人物試験は六研から出張して来たのがあった／之は山ノ内に聞いてくれと言う

炭疽《たんそ》菌を使って／七日位して死ぬのを使用した／一週間経て傷病を新[redacted]死亡する

青酸加里から青酸ガスを[redacted]して／戦車に吹きつけるのが一番よい
（之は七三一部隊でやったので無いが）
参謀の作戦二課が之に当った／（参謀本部の二課で指令していた）
作[redacted]は四課の方で引受けた
新聞を見て私は石井部隊のものと思った
石井部隊　当時の少佐軍医　山形鳳二40位
人相特徴の点から私の知っている範囲では／六、九、多摩部隊より七三一部隊の方が本件をやるのに近いと考えていた(14)

六研の捜査の時には、六研が満州のどこで人体実験をしたのかがよく分からなかったが、この増田の証言によって、六研の所員は五一六部隊だけでなく、七三一部隊にもやってきて人体実験をやっていたことが明らかになった。また、増田は、炭疽菌や青酸ガスでの人体実験をにおわせるようなことも語り、帝銀事件についても「石井部隊のものと思った」としている。そして、〔白滝・松原〕組は、この千葉出張の際に、石井四郎と会う約束をとりつけたものと思われる。石井部隊の最大のキーパーソンはなんといっても石井四郎であり、特捜本部は捜査全期間で九回にわたって石井自身から事情聴取している。ここでは、それについてまとめて触れておこう。捜査陣と石井四郎とのやり取りと、かかわり方の変化に帝銀事件捜査の重要な部分が見えてくるからである。

石井四郎からの聴取①②：迷惑顔からしたり顔へ

四月二四日の捜査結果報告において、〔白滝・松原〕組は石井四郎からの聴取の模様を述べている。

〔白滝・松原〕〔石井四郎からの聴取①：七三一部隊人名情報（4月24日）〕

背陰河《ペイインホー》の関係

少将　北川正隆／佐藤信二／羽山良雄

大佐　西村英〔栄〕二／太田澄／井上隆朝

中佐　小野寺義夫〔小野寺義男〕／園田太郎／酒井忠良／板倉シュン〔淳〕

少佐　増田英〔美〕保／古木〔本〕廣文／沼口豊潔／渡辺聯／八木澤行正／北條圓了

軍隊関係は聞かないで呉れと石井の言

参謀本部から以上の人物を貰った／参謀本部山木光郎／から貰った

〔山形鳳二わ〔は〕貰ってヒドイ目に会った〕

本件〔帝銀事件〕をやりかねぬ人物であると石井の言／〔度の強い眼鏡をかけている〕

一年だけ面倒見て首にしたので此後南京、上海／に行ったであろう

六研／九研／〔登戸部隊〕／中野の学校〔中野部隊〕

南方此他にはそんなのはない…………と石井の言[15]

冒頭の「背陰河」とは、石井部隊の最初の駐屯地（満州ハルビン郊外）のことである。石井部隊は、背陰河で一九三三年八月に、関東軍防疫班、秘匿名称「東郷部隊」として設立された。その時の幹部（佐官以上）の名簿が示されている。この時、石井は文書で名簿を提出したと思われ、捜査に協力的であるように見える半面、明らかに迷惑顔で、「軍隊関係は聞かないで呉れ」とも言っている。名簿を出し、容疑者名を挙げたことで、これ以上はかかわりたくないということであろうか。

また、「本件〔帝銀事件〕をやりかねぬ人物」として石井が出している山形鳳二（軍医）は、以前に増田知貞が、それに八木沢行正も容疑者として挙げていた人物で、捜査当局も俄然追跡したが、五月一三日に〔留目・金沢〕組がアリバイからシロと認定している。[16]

石井四郎からの二回目の聴取は、一回目から三日後、四月二七日に〔坂和・仲西〕組がおこなっている。一回目の時は、「聞かないで呉れ」と言っていた石井であるが、この時は、大きく姿勢を変えている。

〔坂和・仲西〕〔石井四郎からの聴取②（4月27日）〕〔傍線は原文のまま〕

石井四郎に面会

アセトンシアンヒドリン〔青酸ニトリール〕
分子式は分るが自分の部隊では研究して／ないので効果は判らぬ
アンプルを終戦当時持って行ったものや効果は／調べてやる／一口に言って毒ガス
青酸加里は分量により時間的に生命を保持させら／れるか否か出来る　致死量多くすればすぐ倒
れる
分量により五分〜八分　一時間三時間翌日／どうでも出来る（之は絶対的のものである）／研究
したものでないと判らぬ
ソ聯に包囲された時の自決用に／富永の部下軍医中尉二人が貰いに来た
ドラムカン半分位分けてやった／俺の方でもそんな事があった
二時間半位やった（話をした）
俺の部下にいるような気がする　君等が行っても／言わぬだろう
一々俺らの処へ聞きに来る
十五年二十年俺の力で軍の機密は厳格で／あるので仲々本当の事は言はぬだろう
俺が真から言ふているを信じてないだろう
極力協力しているが非常に忙しい（一時間も話を／した始末で――）
参謀本部も手を廻して聞いてやる
九研は石井さんの反動部隊である／（俺が行かなかったので下ッパを集めて何か／コソコソやっ

ていたらしい）

何時でも俺の処へ来い[17]

冒頭のアセトンシアンヒドリン（青酸ニトリール）と青酸カリの件は、九研（登戸研究所）の所であらためて述べる。石井は、帝銀事件の犯人が「俺の部下にいるような気がする」と言った後、「君等が行っても言わぬだろう　一々俺らの処へ聞きに来る」としているが、これは、捜査員が元隊員のところへ聞きにいっても本当のことは話さないだろう、元隊員たちは何を話したら良いかということを石井たち幹部に聞きに来る、ということだと思われる。なぜ、元隊員は本当のことを話さないかといえば、「十五年二十年俺の力で軍の機密は厳格であるので」ということのようだ。その後は、捜査員に対する恩着せがましい発言の連続で、「何時でも俺の処へ来い」と、協力者を装っている。「九研は石井さんの反動部隊である」というのは、石井の発言にひきずられた捜査員の感想であろう。石井に言わせれば、青酸ニトリールを開発した九研などは「俺が行かなかったので下ッパを集めて何かコソコソやっていた」とるに足りない組織ということのようだ。この報告記録は、石井四郎という人物の人間性をよく示している。

ところで、一回目とは打って変わった二回目の聴取は、石井自身が特捜本部にやってきておこなわれたもののようである。これには甲斐文助自身の回想が残っている。ジャーナリストの和多田進氏は次のように記している。

私の協力者が、まだ存命中の甲斐氏宅を訪問した。昭和五三〔一九七八〕年三月三一日のことである。約一時間ほどの雑談をしたのだった。

……（『捜査手記』は）大変参考になりましたが、二、三お聞きしたいことがあります。これでみますと、ずいぶん軍関係を捜査していらっしゃるんですね。

「それはね、石井四郎さん、ハルピンの七三一部隊の、あの人が本部へやって参りまして、これ（帝銀事件）はおれの部下がやったんだと言うのです。こういう飲ませ方は普通の人じゃできない。これは七三一部隊がやったんだ、と。そういうことで、はじめはずーっと主力は軍関係ということになった(18)」

わざわざ、特捜本部まで石井自身がやってきて「おれの部下がやったんだ」と述べたという甲斐文助の回想は、その内容が二回目の聴取記録と重なる。そうすると、石井は、捜査陣から逃れるよりも、積極的に接近することで、捜査に一定の影響力を行使した方が得策だと考えたのではないだろうか。

石井四郎からの聴取③④：どちらが取り込むかの攻防

石井四郎からの三回目の聴取は、前回から三日後の四月三〇日に行なわれた。これは、捜査員である〔白神・向田〕組が石井宅を訪問して行なわれた。

〔白神・向田〕〔石井四郎からの聴取③（4月30日）〕

千葉へ出張の結果と二木に会った関係等更に連絡を兼ね／一面泣き落しの意味で石井氏を訪問した所

過般来進駐軍のトムソン〔トンプソン〕中将（中尉の誤りか）が／石井氏を調べてゐる　それは共産党が投書したものと思ふが多々／の研究は総て天皇の命でやったので天皇も戦犯である／との意味でそれに関する訊問の速記録を石井氏は／涙を浮べて見せて呉れて立腹してゐた

又当時石井部隊で濾過機の箱のペンキ塗職であっ／た佐久間某が石井氏を訪ねて警視総監が云ったと

これが事実とせば総監は男らしく無いとか種々苦情／を申され何等得る点が無かった[19]

冒頭の一節で、〔白神・向田〕組が「一面泣き落しの意味で石井氏を訪問した」としているのは、おそらく七三一部隊関係の捜査は進んでいて、全体としては怪しいという印象が強いが、なかなか具体的な容疑者が出てこないので、より情報を集めるために石井の力にすがろう、ということだろう。二回目の聴取の結果、捜査側と石井の間には、捜査側が石井に依存する一種の従属関係が生じた可能性がある。捜査員の言動にそういったニュアンスを感じ取った石井は、米軍のトンプソンによる取り調べのことを持ち出して、悲憤慷慨《ひふんこうがい》してみせた。これが芝居であることは明らかである。なぜなら、トンプソンによる石井四郎の取り調べは、七三一部隊を主体とする日本軍の生物化学戦技術の実態解明のために行なわれたものであるが、調査報告書は一九四六年五月三一日付で完成しており、二年も前に石井への尋問は終了していたからである。しかも、トンプソンレポートは、あくまでも軍事技術面でのものであり、天皇はもちろんのこと戦犯問題とはまったく関係がない。それをあたかも、現在、尋問を受けているかのように言い、立腹してみせ、しかも佐久間某が何を言ってきたのかはよく分からないが、警視総監が戦犯追及に熱心だから告発してやる、といった脅迫だったのであろう。結局、「種々苦情を申され何等得る点が無かった」というのである。これは、石井の実に巧みな人心収攬《しゅうらん》術ではないだろうか。依存してきた者を乱暴につきはなして何も与えず、情報を欲しがる側をさらに従属させるというやり方である。

しかし、捜査側も石井の術中に完全にはまった訳ではなかった。なんとか七三一部隊で起きたことを明らかにしようと、巻き返しを図る。石井四郎からの四回目の聴取は、五月六日に行なわれた。

〔白神・向田〕〔石井四郎からの聴取④（5月6日）〕
ピース四箇を届けた
石井四郎
（青酸加里によって死ぬる時間の相違／青酸死　絞首死と同じ）
絞首十八分で死亡／首をユルメルと翌日翌々日死んだり生／きたりする
青酸死も量の大小で違ふ／体質でも違ふ個人差あって一定せず
恰《あたか》も人相が違ふ如し
0・3瓦〔g〕～1瓦〔g〕の間で相違する／死ぬる時間は違う
1瓦〔g〕では一分以内に百発百中／（純度よく純粋たるを要す）／[redacted]により違う
胃液の関係　アルカリ／酸性　中性の間
〔上部に横書き〕0・1／
〔上部に横書き〕0・2を呑ませればフラフラする
0・3瓦〔g〕の時七五％死亡する25％死ない
コーヒー
砂糖　　に入れると　　省略〔原文のまま〕
ウィスキー
フィルムの話　実験した写真は全然ない／貯金帳まで焼却して逃げて来た

実験者〈青酸加里による〉／石井要／千原光生／は此の二人で二人共死んだ
部下の中で／兵上がり憲兵中尉／チョコレート青酸加里を入れて人を／殺した[20]

〈白神・向田〉組は、前回、石井の御機嫌を損なったので〈石井が勝手に怒り出しただけだが〉、まず、煙草「ピース」を献上した。この日、石井は、青酸カリの飲む分量と死亡時間との関係をかなり詳しく話した。石井の説によれば、青酸カリは、飲ませる分量によって死亡時間をどのようにでもコントロールできるが、飲んだ人の体質によって個人差がある、とのことである。だが、これは二回目の聴取の際とほぼ同じことの繰り返しである。

今回、「フィルム」のことを捜査員が聞いたのは、この〈白神・向田〉組が、五月四日に七三一部隊総務部調査課にいた小潟基から青酸による人体実験を撮影し、「変化が急激なため驚いた[21]」という証言を得ていたからである。石井からさらにその詳細〈責任者や実行者〉を語らせたかったのである。前述したように〈本書一一七頁〉、〈白神・向田〉組は、四月八日に二代目の隊長であった北野政次からの聴取をおこない、「毒殺をした事は無い」との証言を得ていたが、やはりそれは虚偽であった。石井四郎は、青酸カリによる人体実験について語り、部下の「憲兵中尉」が青酸カリ入りチョコレートで人を殺したことも証言した。あえて「部下の」と言っているので、これが七三一部隊附属の憲兵隊〈保機隊〉であることが分かる。捜査員は石井の御機嫌をとりながらも、七三一部隊の毒殺経験者を洗い出す一歩手前までせまった。

石井四郎からの聴取⑤⑥⑦：青酸人体実験

石井は五月六日の聴取で、「フィルムの話」の質問に対して「実験した写真は全然ない」と言っているが、〔白神・向田〕組は、それを鵜呑みにせず、五月一一日、七三一部隊総務部写真班にいた作宮秀雄から実験の模様を映像撮影した旨の証言を得た上で、石井を訪ねた。そこで石井からの五回目の聴取は次のようなやりとりとなった。

〔白神・向田〕〔石井四郎からの聴取⑤：青酸による人体実験（5月11日）〕
石井中将は少し話してくれ話をしよう／（其処まで調べているなら）
十年か十一年／ハルピン《ママ》郊外基地で捕虜／十名位青酸で研究しフィルムに取った
太田澄に案内されて変相〔変装〕して行った／鳥打帽と洋服に着がえて
尾形を連れて来てくれ僕も裸になる　軍医も／裸になれと[22]

〔白神・向田〕組が、映像フィルムのことまで調べていることを告げたため、石井は、「其処まで調べているなら」話をしようと、ハルビン郊外でおこなった青酸カリによる捕虜に対する人体実験のことを語った。この背陰河における青酸による捕虜（ロシア人）殺害については、五月から七月にかけてのべ一四名が捜査員に証言しており、実験（実態としては謀殺）が複数回おこなわれ、その時期と責任者については、すでに常石敬一氏の研究でくわしく明らかにされている。(23) 背陰河時代の石井部隊による青酸カリ人体実験について、石井四郎は二番目の証言者であったが、石井が話したということは、元隊員たちに話をさせるときに捜査側としては大いに役に立ったと思われる。捜査陣は、石井の権威をうまく利用したといえる。

捜査陣は、この青酸カリを使った人体実験に大いに関心を示した。これまでの捜査の中で、旧軍人たちの多くが、経験者でなければこの事件は起こせないという趣旨のことを語っているからである。〔白神・向田〕組は、翌五月一二日にも「尾形」（元軍医）を伴って石井宅を訪れたが、石井の帰宅が遅く、特捜本部での報告は翌一三日になった。石井からの六回目の聴取結果は次のとおりである。

〔白神・向田〕〔石井四郎からの聴取：人体実験⑥（5月13日）〕

（尾形を連れて石井四郎方へ午后三時半頃／行ったら不在五時頃石井が帰へって来た）

三人で検討して貰った　いい感じは出ぬ

青酸加里で人物試験したのは四回位あり

（昭和九年頃）

実験者　中佐　佐藤大雄57　各自一回〔住所略〕

死亡　池原光正　各自一回

死亡　石井　要　各自一回
昭和十一年頃
基地でやった十名位研究した（ハルピン《ママ》郊外）／石井部隊は当時南棟と云っていた
指揮官は太田　澄55
　参画者　内藤良一43／早川清43
　雇　員　近納勘蔵39／渡辺栄造39／瓜生栄次〔治あるいは二か〕36／山崎豊34
　　石井庸三郎38／厚山洋一45
〔上部に記述〕之を写／真に撮／った／撮影したのは／（[redacted]）／の写真／野口保／〔住所略〕
／（十六年頃ま／で七三一にいて退官）
五尺三寸五分／人相ヒゲあり角顔白毛／眼鏡かけたり／かけなかったりする
捕虜運搬憲兵がやった／憲兵指揮官　乙津　某　44・5
一緒に行った憲兵　関口定雄
それ以外にもあったと思ふ／（以上は尾形が記憶しているもの）其の当時尾形／は軍医学校へいた／ので聞いている
此の詳細を聞くには
〔住所略〕瓜生栄治／〔住所略〕厚山洋一／が良く知っているから此の二人に聞けばよい
此の中では／憲兵の指揮官／軍曹　乙津　某　44・5

が一番よく似ている　昭和十三年頃免官とす／退職当時〔免官　素行不良の為〕
人をだます脅迫する／〔此の中の秘密をバラスから金をよこせと〕／言ってきた
石井庄三郎に聞けば乙津　某／の消息を知っているか知れぬ
〔昨夜九時頃まで待ったが買出しに行き帰へらな／かった〕
〔住所略〕で乾物屋をやっている
青龍／赤龍を殺したのは〔乙津のは青酸である〕／乙津某であった
チョコレートの中に入れて殺した
乙津の相棒吉里は背が高い柔道をやる
〔三〕石井四郎を脅迫
軍医学校雇員　竹沢　某　三七
友人に〔住所略〕早川丁一／がいる其処へ捕虜撮影の写真を売る／と云ふて竹沢が話したので／
今は戦犯中だから／解剖した写真が何枚もある
早川が石井さんの処へ告げに行った(24)

この聴取で、石井は青酸カリによる「人物試験」が「四回位」あったことを認め、それにかかわった人物名、さらに詳細を知っていると思われる人物を挙げた。また、前回にも触れていた憲兵が「乙津某」であることを述べた。この人物は、乙津一彦といい、以後、特捜本部での報告で二一回取り上げられた有力容疑者であったが、結局、所在がつかめないまま終わった。この聴取において乙津が「青龍／赤龍を殺した」としているが、五月四日に人体実験の撮影について最初に〔白神・向田〕組に語った小潟基は、「北満の馬賊の頭目に青龍　赤龍　此の二人をやっ付けた時憲兵が青酸加里で殺したと云う事を聞いているが誰がやったか判らぬ[25]」としている。「馬賊の頭目」としているが、日本軍側が言うところの「馬賊」「匪賊《ひぞく》」とは、反満抗日勢力である場合が多かった。

最後に石井は、元隊員から捕虜殺害、解剖の写真のことで恐喝されていることを訴えているが、恐喝者が言ったとされる「今は戦犯中だから」とは、捕虜虐待をあつかっているBC級戦犯裁判をやっている最中だから、ということだろう。

かなり具体的な情報が出てきたように見えるが、この六回目の聴取記録の冒頭で〔白神・向田〕組は「いい感じは出ぬ」としている。確かに七三一部隊の人体実験・謀殺という「秘密」の部分は確実に明らかになってきたのだが、捜査陣の目的は犯人の逮捕であるので、もっと有力な容疑者情報（年齢・人相に合致した）を欲していたのである。

石井四郎からの七回目の聴取は、五月一九日に行なわれた。この前日、背陰河時代からの石井部隊の隊員であった石井庄三郎から聴取した〔白神・向田〕組は、捕虜の毒殺には石井庄三郎の記憶ではクロロホルム注射を使ったが、そのあたりの詳細について「明日石井庄三郎を石井四郎と会見せしめ当時の情況を詰合せ容疑者を検討の予定[26]」としていた。

〔白神・向田〕〔石井四郎からの聴取⑦（5月19日）〕
前報の石井庄三郎を伴って石井四郎宅に行く
石井四郎氏に対しハイポ重曹の使用方法を質問した所／そんな事は出来ぬと云ふ説である　理由は青酸加里を呑む／と十二指腸に廻って行くので一時間とか二時間とか加減する／事は出来ぬ為クロールホーム（クロロホルム）は魔睡〔麻酔〕剤であって致死量を／注射すれば死亡する（八本位が致死量である）／本剤は主として大手術の際に患者に使用する
石井庄三郎に対し　七三一関係で写真によって容疑人物の物色を始めた所斯様な人物は無いと思ふが　只乙津一彦（二彦は誤り）はやりかねない人物であるとの事[27]

ハイポ重曹とは陸軍糧秣廠が開発した「青酸」の解毒剤である。これを少量飲ませれば、青酸カリが効いてくるのを遅らせることができるか、といった質問を捜査員はしたのではないかと思われるが、石井はそれを否定している。またクロロホルムで殺害することが可能である旨を答えている。〔白神・向田〕組の今回の訪問の目的は、「容疑者を検討」することにあったはずだが、石井四郎は誰も出しておらず、石井庄三郎も乙津一彦は「やりかねない人物である」と言うにとどまり、手詰まりとなった。

石井四郎からの聴取⑧⑨：双方の幕引き

六・七回目の聴取により、特捜本部は石井四郎からはもはや何もでそうにないと判断したようである。そのためこの後、しばらく、捜査陣の石井詣《もうで》はなかった。七三一関係からは乙津一彦のような怪しげな人物は何人か出たが、いずれも所在不明であった。特捜本部の捜査員による八回目の石井四郎からの聴取は、七月二〇日のことで、〔白神・向田〕ではなく、〔峯岸・鈴木〕組がおこなった。

〔峯岸・鈴木〕〔石井四郎からの聴取⑧（7月20日）〕
石井四郎の談
本件に関する容疑者の軍関係に対する見透／しを聞いた処
軍関係に間違いなし自分もそう思ふ
特務機関に係／参謀本部化学戦の関係は
GHQの嘱託／陸海軍の連絡関係をしている／参謀本部第二部長／有末中将
復員局にいる／作戦部長〔課長〕服部大佐／総務部長荒岩大佐／医務課長／総務課長　井上／等
に聞けば判るだろう
上から下へなしくずしに聞け

海軍の関係
同軍医学校関係から／久里浜の[redacted]所長をした／柴田中将／に就て聞けば海軍関係も判るだろう
代々木大山にいる／元人事局長をしていた／額田中将
大山クラブを[redacted]している〔中略〕
出張先の状況を報告して石井四郎に聞いて／見た
七三一の各研究所／捕虜実験の場合
ペスト菌の人体実験の際生前に／三日、四日、五日の症状を見るために殺し／て解剖した／之は
青酸加里かと聞いた
青酸加里ではない（血液が赤くなる）[28]

まず、報告の冒頭で、〔峯岸・鈴木〕組はあらためて石井に容疑者が軍関係にいると思うかを問うたところ、石井は「軍関係に間違いなし自分もそう思ふ」と答えている。そして、これから話を聞くべき人物として、元参謀本部第二部長、すなわち日本の謀略戦の責任者ともいうべき地位にあった有《あり》末精三《すえせいぞう》と、元参謀本部作戦課長の服部卓四郎らの名を挙げている。ここで名があがっている元軍人たちは、いずれもGHQとの結びつきが強い人たちで、石井の人物の紹介の仕方が、四月・五月の段階とは異なっていることがわかる。つまり、四月・五月の段階では、石井があげる人物はだいたい石井の配下にあった者で、石井がコントロールできる存在であった。それゆえに石井は、「俺の力で軍の

機密は厳格であるので仲々本当の事は言はぬだろう」（二回目の聴取、四月二七日、本書一二二頁）と豪語していたのである。しかし、ここで名前をあげた人物は、明らかに現在の時点で、職業軍人が原則として公職追放になっているにもかかわらず、堂々と公職につき、GHQと連絡をとっている実力者である。この問題、帝銀事件捜査に対するGHQや旧軍人の介入については、第五章であらためて論じよう。

聴取記録の最後の部分で、七三一部隊における捕虜の生体実験の場合、たとえばペスト菌に感染させた人を、実際に病気で死亡する前に殺害して生体解剖し、死亡するはずの何日前にはどういった状態だったという記録をつけていたというのだが、その際、殺害には青酸カリを使ったのかどうかを問うている。石井は、青酸カリではない、ということを答えている。捜査側がこのような質問ができるということは、捜査員が石井を訪ねなかった間に、特捜本部が七三一部隊のさまざまな残虐行為を明らかにしてきたことを意味している。

なお、捜査員と石井四郎とのやりとりの最後の部分（「出張先の状況」）は、後述するように、在京者以外の七三一部隊関係者に対する聴取が七月におこなわれたことを示している。

だが、この八回目の聴取でも、石井からは具体的な容疑者候補の名前が出なかった。そのため、〔白神・向田〕組による九回目の聴取が行なわれるが、それは、具体的な聴取ではなく、七月二一日に石井四郎から隊員名簿を受け取っただけであり、『甲斐捜査手記』にも「石井四郎から名簿を出させた」(29)とのみ記されている。

八回目・九回目の捜査側と石井四郎との接触は、八回目は石井がもはや捜査陣を自分の懐に入れようとせず、有末精三・服部卓四郎等の側に捜査員を押しつけ、捜査側も九回目には石井とのやりとりをしなかったところを見ると、石井にはもはや利用価値がなくなったとみなし、双方がおたがいの関係に幕を引こうとしているように感じられる。

背陰河時代における人体実験

七三一部隊についての特捜本部の最大の関心は、七三一部隊の誰がさまざまな虐殺行為にかかわったのか、特に殺害方法として青酸カリが使われたか否かという点にあった。そのため、捜査の焦点は、石井部隊が一九三三年から三九年にかけて駐屯していた背陰河における「青酸」を使った人体実験（謀殺）と一九四五年八月に七三一本部施設においておこなわれた「マルタの処分」（後述）に向けられることになった。

前述したように（本書一二九〜一三〇頁）、背陰河時代における人体実験（謀殺）については、常石敬一氏のまとまった先行研究があるので、基本的にそれに依拠しながら、要所要所で捜査報告を確認することにしよう。

石井部隊の満州における最初の研究機関としての「背陰河守備隊」（関東軍防疫班）については、四月二四日の〔白滝・松原〕組による石井四郎の最初の聴取の際に、隊員名簿の提出という形で、その名前が現れたが（本書一二〇～一二二頁）、期せずして同日、南方軍防疫給水部長だった羽山良雄のもとへ調査に行った〔針谷・鬼沢〕組が羽山から「背陰河守備隊」が石井部隊の秘匿名称であることを聞き出している。[30] さらに四月二六日に〔留目・金沢〕組は、軍医だった井上政善から背陰河の石井部隊が「東郷部隊」と称していたことを聞き出すとともに、「此の時大量に逃げられた[31]」と捕虜の脱走事件があったことを記録している。この捕虜の脱走事件は、常石氏によれば一九三四年九月二八日のことだとされている。[32]

五月一三日、〔白神・向田〕組は、背陰河における人体実験に立ち会った石井庄三郎から「十二年四月頃」に「ハルビン郊外製粉工場」において「ロスケを四・五人連れて来てやった事がある」、「グラスに入っているのを乾杯／二、三分後で転ぶ」といった証言を得た。石井は「殺すのだけ石井部隊に頼んだ／特ム機関から頼まれた[33]」としており、この人体実験の実態はスパイの謀殺（処刑）であったことを述べている。後日（五月一八日）、石井庄三郎は、〔白神・向田〕組に対して「前報石井部隊が満州の某製粉工場で青酸加里で毒殺したのは四・五でなく実は十五名から二十名位あった[34]」と証言を訂正している。

背陰河時代の毒殺の件を追及する〔白神・向田〕組は六月二日に、「背陰河守備隊」の隊員の一人であった元軍医中佐である小野寺義男から聴取したが、「仲々口を利かぬ」状態で、「背陰河中庭の実験」があったこと、その目的が「医薬の書に書いてある薬で果して効力あるか否かを実験した」ものであったこと、「主催者は記憶してない[35]」と答えるのみであった。

しかし、小野寺義男は、七月二四日に、背陰河における捕虜の毒殺について次のような発言をしている。

〔白神・上野〕〔小野寺義男からの聴取：「マルタ」処分（7月24日）〕

同人につきハインガー〔背陰河〕当時に於けるマルタに対する状況を聴取／す一〇〇～一五〇名位の研究をした　其の研究したマルタを／佐藤俊二が／解剖をしたもので私くしは結核について其の経過状態を研究／し最後にはクロールホルムを注射して眠らせた　注射中／に参って終ふ　私くしの在任中は青酸加里を使用しな／かった(36)

小野寺義男が語ったのは、背陰河時代に、スパイの謀殺だけでなく、非常に大きな規模で人体実験が行なわれていた、という事実であった。

七三一部隊関係者の捜査会合

なかなか容疑者が出ない状態を打開するために、六月七日、捜査に積極的に協力する七三一部隊関係者を集めて、いわば民間捜査会議が開催されたことが報告されている。特捜本部側からは〔白神・向田〕組が出席した。会合自体は前日の六日（日）に行なわれたものと思われる。

〔白神・向田〕〔七三一部隊関係者の会合（6月7日）〕
七三一部隊在京者／鈴永義男方に会合した人物〕
石山金蔵／石井庄三郎／小波某／林金作／須貝国平／鈴永義男／鈴永和三郎　右〔義男〕弟／井上政善　欠席
以上八名〔七名〕集合／后三時から話が初まり
総務部から検討
1．容疑者　属　大浦利男　37・8／老けて見ゆ在隊中素行不良／似ているところもある
2．技手　船山富太郎　40前後／一応調べてくれ
3．軍医少佐　鈴木穐男
4．中尉　計〔経〕理　岩田一
5．中尉　田村清士
6．森某／石井方へ終戦後／七三一の尻をバラスと云って来た／石山方に行って相談せり
石山は一万円を出してやった／中野駅から出るバスで練馬の方へ向かって行った
一部〔基礎研究部門〕
1．高橋嘉一／2．篠崎正男／3．原武／4．安田忠之
二部〔実施＝実戦研究部門〕

1. 航空兵　萩原周夫／（性質が悪い　此のグループで）

二本柳四明治　シメジ／桜永孝／杉本正一／も当って見てくれ

2. 横溝義男／3. 須田一男／4. 高丸定／5. 串野某／6. 工藤慶蔵／7. 高橋善一

四部〔細菌製造部門〕

8. 有田正義　40

資材部　山木力／（毒物をやったのは一部）

◎青酸加里○・五g呑んで牛乳を呑んで死なない／事があった（蛋白で青酸加里を包むので）／（実験の結果）

林金作　七三一の少尉／軍属であったとて入っている／二〇、十一、八に拝命(37)

元七三一部隊員の在京者の中にもこのように、積極的に帝銀事件捜査に協力しようとした人びとがいた。こうした人びとに捜査陣も相当支えられているところがあった。これまでにしばしば述べてきたように、帝銀事件は物証を欠く、目撃証言にもとづく、年齢・人相主体の捜査となっていた。日本犯罪捜査史上、最初のモンタージュ写真（似寄り写真といった）が作成され、ビラと新聞を通じてそれが市中に出回り、捜査員たちも写真を持ち歩いて、年齢・人相で「怪しい」とされた人物は、刑事が直接面接し、なおグレーの場合、犯人目撃者（帝銀事件と二つの未遂事件）による写真鑑別や面通しが行なわれた。とりわけ軍関係の捜査は、捜査対象となっている軍機関・部隊に所属していた当事者の記憶に頼らざるをえないものであり、それは被捜査者にコントロールされる恐れも常にあった。つまり、この捜査は、「戦友」意識から関係者が口裏をあわせたり、旧軍の「名誉」を守ろうとして意図的に犯人を隠蔽したりすれば、あるいは特定の人物に捜査陣を向けさせようとすれば、ストレートに影響を受けやすいものであった。しかも、旧軍関係者は、全国に散らばっていた。

捜査陣による七三一関係者の把握

それでも、特捜本部の刑事たちは、当時としてはかなりの広域捜査をおこない、七三一部隊の有力幹部のほとんどを把握することに成功していた。七月五日、〔白滝・松原〕組は、これまでに連絡をつけた在京者以外の七三一部隊の幹部についてまとめる報告をしている。

〔白滝・杉原〕〔これまで連絡をつけた地方の七三一部隊幹部（7月5日）〕

〔七三一部隊総務部経理　判任待遇官　高山喜一40〕

十二年一月から七三一部隊／総務部経理／をやっていたので人はわかるが研究内容や／其他は判らぬ／犯人に似寄りの人相の者は記憶になし〔中略〕

一四九九名　部隊にいた（終戦時）

連絡をつけたもの（給与の関係）

〔中国方面〕〔住所略〕

太田澄〔第二回実験総指揮者〕／七三一の総務部長／多摩部隊長〔三代目〕

佐藤大雄〔軍医中佐〕〔住所略〕／背陰河部隊当時／青酸加里による人体実験者／〔他二人　石井要　死亡〕

第一回～第三回　池原光正／実験指揮者

西村栄〔英〕二〔住所略〕／第一部長／多摩部隊では伊達中佐と偽名

十一年ハルピン《ママ》郊外で青酸加里／による実験者／同人は北京防疫給水部隊長／一六四四部隊第二部長

大谷章一　少将〔住所略〕

〔大阪方面〕

内藤良一〔住所略〕／軍医中佐／特務機関／中野学校教官〔中野校〕／石井四郎懐刀〔七三一〕

軍医学校防研時代から

田中英雄　45・6〔住所略〕／七三一　技術中佐／京都帝大出身　生物動物学講師／人相似寄り／七三一第二部八木沢行正と共にやって／いた

吉村寿人　43位〔住所略〕／神戸医科大学　理化学教室の先生

七三一／第一部第三課長／細菌　青加里に関し最も重要／捕虜実験の関係

同人の下に**石井剛夫**〔男〕の班がある／特別班の親玉(38)

また、〔白神・上野〕組は、七月九日から一七日の間に関西方面に出張して、九名の七三一部隊関係者から聴取している。その人名を挙げると以下のとおりである。

医師　巽庄司　34才
技手　浅田光雄　39才　同人より聴込の容疑者　田中省吾
吉村寿人　42才
喜寶院秋雄　41才〔南方軍防疫給水部〕
元衛生少佐　島田楠造　42才
七三一部隊　技手　中野真一　40才
七三一部隊　技師　岡本耕造　41才
七三一部隊　医博・元軍医少佐　田中英雄　42才
七三一部隊　田中淳雄　32才
旅館業　高岡直沼　47才
似寄り　自称　堀鉄太郎　41才(39)

これらの関係者で最も重要なのは、七三一部隊第一部第五課長として「マルタ」の管理にあたっていた吉村寿人であるが、吉村についてこの捜査報告では、「同人は七三一の細菌研究をなし捕虜に対する実験の責任者として相当内情に精通の筈であるが他の事は一切知らぬと実状を話して呉れなかった」[40]と記されている。

敗戦時の「マルタ」の虐殺

敗戦時に七三一部隊において、大規模な「マルタ」の処理（殺害）が行なわれていたことを、すでに五月の段階で特捜本部はつかんでいた。五月一八日の〔白神・向田〕組の報告には次のような一節がある。

石井部隊／では終戦直前に捕虜三百五十名から四百名位／収容してあったが昭和二十年八月十一日、十／二日の二日間で全部殺したと云う　死体は夜／工兵隊が後片付をした其の時の事情は前報神／戸市に居る吉村寿人が良く知る筈　又千葉県の千代田村の前回出張して調べた斉藤や加瀬も／石井剛男等も現場に参加したと云う　石井庄三／郎の記憶では毒殺に使用する薬品の一つはク／ロールホーム液を注射したと云う　明日石井庄三郎を石井四郎と会見せしめ当時の情況を／詰合せ容疑者を検討の予定[41]

報告の最後の部分は、【石井四郎からの聴取⑦】の前ですでに引用している（本書一三三頁）。〔白神・向田〕組は、この驚くべき事実の「当時の情況」を確かめるべく、この翌一九日、石井四郎を訪ねるのであるが、前述したように（本書一三三～一三四頁）、石井はこの件について具体的には語らなかった。実は、〔白神・向田〕組は石井四郎を訪ねる前に、鈴永義男を訪ね、この件について確かめていた。

〔白神・向田〕〔七三一部隊の鈴永義男からの聴取（5月19日）〕
捕虜の収容は七つ八つの棟に収容してあったが／彼等が騒いだ時は瓦斯で鎮圧していた
終戦時に四〇〇の捕虜を整理したが其の時には瓦斯を／使用し其の建物は別に砲兵隊が破壊したので其の建物は／跡形が無くなったけれ共其の跡から四〇〇の骨が出て来る／のでは無いかと七三一の者は心配しているとの事(42)

七三一部隊が撤退時に監禁していた多くの人びとを殺害したことは今日では明らかになっているが、当然のことながら当時は全く知られていないことである。〔白神・向田〕組は、五月二七日に、七三一部隊警務係であった瓜生栄二から以下のような証言を得ている。

〔白神・向田〕〔七三一部隊警務係・瓜生栄二36からの聴取（5月27日）〕

十二年二月○／から終戦迄　七三一部隊／第一部第三課第十二班／に捕虜の警務係として勤ムした
同人に付いては部隊の内情（毒物関係）は分らぬ
終戦の八月十一日、十二日両日／丸太（捕虜の事）を三百位処理した
其の際の状況
捕虜に自決を強要して縄を一本宛与えた／１／４は首吊って自殺した
他の３／４の者は自決を承知せぬため／青酸加里を呑ましたり／注射で殺したりして全部片附けた
青酸加里の使用は食器に水と一緒に溶かし／て呑ませた／注射（クロロホルムでないか）でやった
当時の指揮者　吉村寿人／であった　実際の下手人は
志村班員／飯田敏之／佐久間清／国藤清／勝間田千秋／阿部貞一／白井中尉
他の班で／吉田班／指揮者　吉田源二／雇員　佐藤与三／その他若干
瓜生は廊下で警備に当たっていた（フルエていた）[43]

〔白神・向田〕組は、なおもこの大量虐殺事件について調査を続け、六月四日、七三一部隊第二部に勤務していた元薬剤少佐・八木沢行正を聴取した。

〔白神・向田〕〔八木沢行正からの聴取（6月4日）〕
七、八棟から丸太の話をしたら細かく調べが出来た
二十年八月九日から／八木沢は週番司令に勤務
丸太の片付け方については幹部相談の上
第二部四課　西田寅衛／〔住所・職場略〕
西田が指揮者になり／吉村／吉田／が主としてやり自決に応じないものは青酸加里／で片付けた
大体片付けて報告を受けた／大勢居たのでハッキリ判らぬ(44)

〔白神・向田〕組がこの問題を執拗に追い続けたのは、この虐殺が「青酸」によって実施されたからであり、その実行者の中に帝銀事件の犯人がいるのではないかとにらんだからである。六月二五日には、七三一部隊第一部第五課（課長は吉村寿人）の在田班（レントゲン）の班長だった元技術少佐・在田勉を取り調べ（本人はシロ）、さらにその部下であった宮川正から聴取している。

〔白神・向田〕〔七三一部隊宮川正36からの聴取：「マルタ」の処分（6月25日）〕
〔元兵技少佐　在田勉　42　シロ〕〔中略〕
〔在田勉の部下　宮川正36〕

同人談　既に警視庁で判っておられる模様だから申しますがと／前提しマルタの事を述べた七、八棟の中には放射線研究室が設置されてあって私くしは／マルタの処分を目撃した一人でありますが、二〇、八、九処分／について相談があり　当然其の処分に当たるのは菊地／少将であるべき筈であったが満州方面へ旅行中の為不在／第四部長であった増田大佐が責任者となり／西田寅衛少佐が処分を担当した

マルタ処理関係の技師技手関係は吉村寿人／が良く知っており、吉村課の十二班が担当していた

そして／其の班長は石井剛夫〔男〕である

マルタ処分の方法は青酸瓦斯や青酸加里を使った／事は間違いはないとの事である(45)

終戦時における七三一部隊における虐殺事件は、このようにその責任者・実行者をふくめて捜査過程でかなり明らかになったが、ここからは帝銀事件の容疑者は絞り込めなかった。また、きわめて怪しいとされた乙津一彦などは行方不明のままだった。戦後の混乱のなかで、復員後行方をくらましている軍関係者も多く、特捜本部は七三一部隊関係者の追及に最も大きな力を注いだが、八月二一日までに事態を打開することができなかった。他方、捜査二課の成智英雄を班長とする秘密捜査班の捜査の結末について、成智は次のように回想している。

この〔元七三一部隊研究部員〕山内〔忠重〕中佐から、私はつぎつぎと、本件の犯罪適格者を

指名してもらった。内偵または直接取調べた者は、五十数名にもあがったが、アリバイその他で、犯人と認められる者は、結局、医博諏訪軍医中佐（当時51）ただ一人となった。

諏訪中佐は、身長五尺二、三寸、面長で色は蒼白、顔にシミがある。頭髪は丸刈りで白毛まじり、スマートな紳士風、それにバビナール中毒の変質者で、第七三一部隊に所属していた。

昭和十八年五月、静岡県陸軍病院に勤めていたが、同年〔ママ〕十九年九月四日第七三一部隊チチハル支隊に出向を命ぜられた。が、間もなく麻薬中毒のため待命処分となり、静岡陸軍病院裏に居住していたが、二十年の戦災で焼出されて、行方不明になった。

私は関係警察の協力を得て、陣頭に立って彼を追跡したが、親戚知人とも交流の形跡がなく、ようとして所在はもとより、その後の情報さえ入手することができなかった。

私が捜査したこの事件の焦点は諏訪中佐以外なかった。ところが中佐は昭和二十四年に死亡。けっきょく死人に口なし。(46)


軍人としての階級は異なるが、この諏訪中佐と同一かもしれない人物を特捜本部も把握していた。五月二八日に〔白滝・松原〕組は、七三一部隊資材部長だった柴野金吾から聴取した際、「モヒ患者／諏訪敬明（居所不明）／好男子である／やりかねない男である」(47)との証言を得ている。また、七月九日、〔留目・金沢〕組は、「軍医中尉　諏訪敬明　44・5」の治療にあたったという元軍医大佐・国府台病院長から聴取しているが、諏訪の行方は分からなかった。(48)

2　中支那防疫給水部（一六四四部隊）

「多摩部隊」の浮上

関東軍防疫給水部（満州七三一部隊・ハルビン）とともに「石井部隊」から派生した防疫給水部には、北支那方面軍防疫給水部（甲一八五五部隊・北京）、中支那防疫給水部（栄一六四四部隊・南京）、南支那方面軍防疫給水部（波八六〇四部隊・広東）、南方軍防疫給水部（九四二〇部隊・シンガポール）が存在した。

松井蔚が南方軍防疫給水部に属し、ジャワで住民を謀殺したらしいという情報から捜査当局は、「防疫給水部」に注目し、クローズアップされたのが七三一部隊と一六四四部隊である。

しかし、「七三一」や「石井部隊」が二月段階で名前が出ていたが、「一六四四」が出てくるのは四月以降である。一六四四部隊は、最初、「多摩部隊」という名前で捜査線上に浮かび上がってくる。四月七日、第九陸軍技術研究所（登戸研究所）関係者を聴取した〔小林・小川〕組は、その中で「多摩部隊」という名前を聞く。

〔小林・小川〕〔九研技手・朝山晃41からの聴取：南京での人体実験（4月7日）〕
南京の病院／捕虜の実験をやった場合
青酸加里／を紅茶に入れて呑ませた／傍で見て居た　一分以内に倒れた
南京に行ったとき人相可なるもの
多摩部隊／軍医　佐藤少佐　45位／捕虜収容所の責任者／同人に話さねば実験出来ぬ
帝銀犯人には可なりと　村上〔博・九研所員〕に聞けば判る。
五尺三寸、瘦形　丸刈（白毛当時三四分）面長／あとなし　好男子
支那事変初まる時から　病院の課長した／ので　何千人の試験をやった／立ち会っている
試験の結果を　朝山／は上海の特務の機関に知らせた（致死量の点を）
（伴〔繁雄・九研所員〕に聞いてくれ(49)）

朝山晃の証言は、南京において九研が関係する捕虜を使った人体実験があり、「多摩部隊」の軍医の佐藤少佐が、その実験の管理者であり、なおかつ帝銀事件の犯人と人相・髪型などが酷似しているという捜査陣にとっては注目すべき情報であった。翌四月八日に〔小林・小川〕組は、元九研・技術少佐の村上忠雄から聴取しているが、村上は「佐藤少佐は多摩部隊に属してゐたが復員其他について

は判らぬ」[50]と語っただけで、「多摩部隊」についてはこれ以上触れなかった。〔小林・小川〕組は、四月一二日に南京に配置された特務機関員だった高島昇から「多摩部隊から薬の給与を受けた　石井部隊の下　防疫班」という情報を得たが、その薬とは、「ハブ毒」「アマガサ蛇の毒」といった暗殺用の毒物であった。[51]翌四月一三日には、石井部隊を追跡していた〔白神・向田〕組が、七三一部隊員であった宮本光一から「七三一と同じような事を研究していた」部隊として北京の西村部隊、南京の多摩部隊があったことを聞き出した。[52]そして、ようやく四月一九日になって、〔須藤・上野〕組が復員局医務課長・井上義弘から「一番最初の名称は多摩部隊（軍司令官直属）次に栄の一六四四部隊と称したものである」との情報を得たが、井上の説明は、

昭和十三年頃独立したものであって　下士官、兵、軍属等合計一〇〇〇人位で編成されて居た北支那、南支那方面にも同様なものがあったが其の規模は小さかった
そして其の主任務は消毒及給水であり人的方面（毒殺の意）の事は餘り聴いてゐない[53]

というものであったが、特捜本部はこの後、多摩部隊＝一六四四部隊の真の姿を知ることになる。一六四四部隊に関する報告は、全期間で六三本あり（表5、本書三九頁参照）、七三一部隊からやや遅れて、四月第三週から六月第五週まで連続一一週間で合計六二本、週平均で五・六本となっている。一六四四部隊に対する捜査は、七三一部隊と後述する九研（登戸研究所）と連動して展開していった

といえる。

特捜本部の軍関係捜査への傾斜

特捜本部が一六四四部隊の本格的捜査に踏み切る前週の四月一四日（捜査第七三日程）、帝銀事件の捜査も第四期に入るのを前にして、三月八日以来久々に、捜査員からの意見聴取（特捜本部会議）が行なわれた。すでに、習志野学校・六研・七三一部隊・九研への捜査が始まっていたが、この会議で特捜本部は軍関係捜査に大きく傾斜する。

この会議では、合計三三人の捜査員が発言をしている。今後の捜査の重点をどこに置くかという点については、軍関係以外では、松井蔚関係を重視すべきとする者が三名、以下、「松井名刺」二名、地取り二名（逆に地取り無駄一名）、投書四名であった。それに対し、軍関係に対しては、軍をさらに深くやるべしとする者一一名、軍継続が適当一〇名、軍に集中は危険（軍関係でなくてもできる）五名、軍は薄い・関係なし三名、不明・その他四名であった。[54] 複数の重点を挙げた者もいるので、正確な割合は出せないが、概ね捜査員の三分の二は、軍関係捜査の推進を支持したと見てよいであろう。また、捜査員からは、さらに深めるべき重点として習志野学校・六研・五一六部隊・七三一部隊・多摩部隊・南方（軍防疫給水部）などの具体的な名前が出された。

生物戦部隊としての一六四四部隊

四月二三日、〔須藤・上野〕組は、特捜本部の捜査員としては初めて一六四四部隊の隊員から事情聴取をおこなった。

〔須藤・上野〕〔一六四四部隊軍医と兵士からの聴取（4月23日）〕

〔元軍医中尉　富藤英隆38からの聴取〕

◎本部に秘密病室があり／周囲に着剣の番兵が立っていた

支部は第一線部隊であるため

　防疫科＝軍医／理化学課＝薬剤官／経理科＝問題にならぬ

防疫課と理化学課は掘り下げる必要あり／と云う

理化学科は毒物や細菌の研究をやった

〔元兵士　泉巌84〔24の誤記か〕からの聴取〕

十九年十二月現役兵として入隊して共に南京本部／勤ム

第一部の衛生兵として終戦迄

一部の中第一課　課長少佐（内外警備）

第二課　課長少佐（菌の製造）
第三課　課長少佐（動物の繁殖）
一部は一番秘密／菌の秘密（ペスト）が主であった
動物試験は／鼠に食べさせ　鼠についている「ノミ」を捕虜／につけたり又は注射して試験する
二階　捕虜　秘密病室（警戒厳重）
一階が兵の起居
警禁《ママ》室から診察室へは黒い布袋をかぶって／連れ出して注射する
常に身体の処[redacted]をし　終戦時は埋めて来た
ので終戦の時は川の中へ入れて来た
一部勤ムの者は誓約を入れて親兄弟にもシャベルナ／とし辞めても三年位憲兵が見巡っている
本人から二、三出ている
一人　軍医で　三満中尉37・8色男／がやや人相が似ていた
支部は本部の様に独立的に研究しないで何でも／やるから却って危険である
青酸加里もあることはあった
注射と「ノミ」をかける以外には判らぬ
各部の兵隊を取って細い事を聞き度《た》いと思う[55]

この証言だけでは、一六四四部隊の編制などは十分には分からないが、それでも一六四四部隊が、ペスト菌を兵器化するために、まさに七三一部隊と同様の研究と人体実験をしていた部隊であることが明らかになった。最後の「各部の兵隊を取って細い事を聞き度いと思う」は〔須藤・上野〕組の意見である。須藤民五郎刑事は、当時、捜査一課の「羽振り」＝実力者(56)であり、〔須藤・上野〕組は、三月から四月にかけて習志野学校と六研の捜査にあたってきた、軍関係の調査には習熟したペアであった。五月六日、〔須藤・上野〕組は一六四四部隊の薬剤中佐であった服部重雄を取り調べた。

〔須藤・上野〕〔一六四四部隊員薬剤中佐　服部重雄30からの聴取（5月6日）〕
〔服部〕本人も大体／自分達のような経験を辿ったものと／直感した
四部は防禦である／幹部が宴会を先方の大官とやる時は料理／其の他毒味した
攻撃用としてはやらなかった
相手方に呑まして死因を判らせぬ研究を／した（他の物を混入して青酸加里を使用／したら丸がわからぬよう）
〔上部に横書き〕一六四四部隊では何時でも攻撃用の準備が出来ていたが総軍の方で止められた(57)

服部も帝銀事件の犯人を「自分達のような経験を辿ったもの」とした上で、一六四四部隊の四部の任務が防御であり、攻撃としてはやらなかったとしているが、「攻撃用の準備が出来ていた」とも語ったようである。また、「相手方に呑まして死因を判らせぬ研究をした」と言っているところから、これが完全に謀略戦のための研究だったことを示している。「死因を判らせぬ」というのは、秘密戦のポイントで、日本軍が生物兵器（ペストなどの細菌兵器）に力を入れたのも、死者が出た場合、ペストであると分かったとしても、自然発生なのか人為的なものなのかは判別できないからであり、毒物開発に力を入れたのも、毒物を使った場合でも少し遅れて効いてくるとか、遺体を解剖しても元の毒物が何であるのか特定できないようなものを使うことで、相手を混乱させることができるからであった。

毒物研究と毒物による謀略

だが、捜査を進めると、同じ一六四四部隊であっても、さまざまな毒物が使われていたことが分かって来た。五月一五日、〔須藤・上野〕組は、次のような証言を得た。

〔須藤・上野〕〔元一六四四部隊員　坂本富吉24からの聴取（5月15日）〕
一部にいた衛生上等兵
十九年十二月二十九日の入隊三ヶ月教育受け／本部に来て衛生兵の教育受け終戦まで
秘密入国した〔者に対する〕下士官歩哨《ほしよう》／其捕リョのいる処へ二名宛立つ

憲兵隊から黒い袋をカブせて寄越して来る／大体注射で殺した
（解剖）
解剖と／注射　軍医　浜辺中尉／助手　山本伍長
昇汞水《しょうこうすい》を使用して注射[58]

憲兵隊から送られてくる密入国者（おそらくスパイ）、捕虜（おそらく抗日勢力）を注射によって殺害した。それには昇汞水（塩化第二水銀）を使ったという。また、次のように、明らかに謀略戦用の毒物も取り扱っていた。

〔須藤・上野〕〔一六四四部隊（七三一にもいた）山内忠重からの聴取（5月24日）〕
元一六四四部隊の第四部課長をしていた／山内忠重（七三一部隊にいた）
山内に就いて聞いた／他の関係を取った
四部の関係人か或る薬剤師か他の係長が／一部に行って極秘裡に作った
特務機関から依頼を受けて／チョコレートを作った
（上海のお菓子屋に行き見習をして／チョコレートを作り、その中に毒薬を入れる／毒薬は一部で作っていた）
目的は特務機関がやったが／先方の(共)〔共産主義者〕に対して使っていた

何日か後に死亡する者〔もの〕で即効的でなく／食べた時は普通のチョコレートと変らぬ
包装紙を分けておいて当方も共に食べる
憲兵司令部から同様の申入があった時
薬剤中尉　鈴木薫　30才以下
東支那海にアメリカの乗組員が上陸した／ことがあり彼等を謀略で殺すため／鈴木中尉を先方に
やって使用させた／どんなものを作ってどう使用したかは判らぬ
若手の中尉だから大した事は出来なかっただ／ろう　と山内の言(59)

毒入りチョコレートは、典型的な謀略用兵器であり、後述する九研〔登戸研究所〕でも作っていた。一六四四部隊では、それをみずから製造し、特務機関に使わせていたというのである。「何日か後に死亡する」ものは、はたして毒物なのか細菌なのか、判然としないが、包装紙〔の色〕を分けておいて、自分も食べてみせる、というのは、「予防薬」を飲んで見せた帝銀事件に通じるやり方である。一六四四部隊は、「石井部隊」の流れを汲むものであるが、特務機関などの謀略活動に対応する兵器を開発する部隊でもあったことが分かる。〔須藤・上野〕組は、五月二六日に一六四四部隊の軍医中尉であった渋沢喜守雄からこの部隊では多種多様な毒物が使われ、人体実験用の「捕虜」が常に用意されていたことを聞き出している。

〔須藤・上野〕〔渋沢喜守雄からの聴取：捕虜殺害・人体実験（5月26日）〕

〔住所略〕／軍医中尉　渋沢喜守雄　36

東大医学部福田外科　外科医

一六四四に一年半位　三部に少しいて後は／一部

解剖　捕虜以外の者の解剖をやって／本人は中の秘密を知っている

一課の軍医／一の房は軍医／二の房は軍医

細菌の注射をして経過を見て死後解剖まで／実地にやる事はきまっている

青酸加里症状のもあったでせうと云う／（勿論青酸加里もあった）

フグの毒素／テトロドキシン

之は青酸加里の様に七転八倒せず　簡単に／死ぬ（注射でやる）

あらゆる毒物をやった／化研〔科研か〕の将校も何人か出張して実験をやった／（常時いてやっていた）

技師技手は石井部隊で教育を受けて／来た連中が配属されている

将校は同部隊の即成

現地から受取った捕虜を留置場に入れきれ／ず裏の空き地で首を切って埋めた／（五、六十人しか房には収容しきれぬ）

フグの毒素は注射が一番簡単である〔中略〕

渋沢から〔容疑者を〕二、三出して貰って来た／後で洗う予定
現役将校が実験をやり召集員には／やらせなかった
渋沢もＧＨＱに呼ばれて二度位調べられた
一六四四の者か都内にいたもので協議したら／ば判るかと思う(60)

いろいろな毒物を使って人体実験をしたことはよくわかったが、捜査陣にとって知りたいのは、青酸カリによる実験の様子とそれにかかわった人物から容疑者が洗い出せないかということだった。

青酸カリ情報と捜査員の困惑

しかし、五月二八日、〔須藤・上野〕組は、一六四四部隊の軍医大尉だった村田良介から青酸カリに関してすこし意外な情報を聞いた。

〔須藤・上野〕〔一六四四部隊　村田良介からの聴取（5月28日）〕
現厚生技官　元軍医大尉　村田良介　34／人相で白　黒髪長い
十五年四月から本部一課勤務終戦まで
向けないと話さぬ

色々毒物をやったが何と何をやったか覚えなし
軍医学校を経て毒物は来たのではないか
青酸もある
茶碗で毒物を呑ました事があるか
あるが　勿論やったが即効薬でまずい／饅頭　チョコレートの中にも入れて／やった　本人もやり化研〔科研〕の連中も来て／実験した
一課長　コトブキ少佐／に聞いたら話すではないか
一、二技手の名前が出たが結論
軍属が多いが　四十歳以上の人は少ない／写真では記憶なし
特務機関
総軍参謀直轄／大佐　岡田義政／も来て一課の実験に立合った
注射では細菌を用い
青酸加里では謀略としては面白くない
特務機関は持って行ったものを使うので／毒物の知識はないであろう
一六四四は規模が小さい／石井部隊の方がよいと云う
二回程化研の連中が来て立合った事がある／化研の関係はコトブキ少佐に聞く(61)

「茶碗で毒物を呑ました事があるか」は捜査員の質問であろう。村田の答えは「あるが　勿論やったが即効薬でまずい」であった。「青酸加里では謀略としては面白くない」とも言っている。これは、青酸カリでは即効性で、相手がすぐに死んでしまうので、すぐに犯行が露見したり、実行者が逃走する余裕がないということであろう。また、すぐに効くということは、多人数を同時に殺そうとしても、最初に飲んだ人がすぐに倒れてしまうので、他の人が飲むのを止めてしまう。村田によれば、青酸カリは謀略用の毒物にはむいていない、ということになる。そうすると、謀略のプロは、青酸カリを使わない。特捜本部の多くの捜査員は、帝銀事件は計画的な謀殺の経験者ではないか、と考えていたのでこの報告に困惑した捜査員もいたであろう。

また、村田は、「二回程化研の連中が来て立合った事がある」としているが、この「化研」は「科研」、そこから分かれた第九陸軍技術研究所＝九研（登戸研究所）のことであることは明らかである（第四章において詳述する）。

六月になると軍関係機関・部隊に関する捜査は、行き詰まりの感を強めた。旧軍の残虐行為、「青酸」を使った毒殺行為はいろいろと出てきたが、それに比して有力な容疑者は浮かんでこなかった。また、怪しいと思われる人物の所在はつかめなかった。糧秣廠の捜査のところでも述べたが（本書九三頁）、六月四日に〔峯岸・鈴木〕組が帝銀事件の犯行は露店の薬屋でもできる、という情報をつかんできた。奇しくも同じ日、〔須藤・上野〕組は一六四四部隊の技手であった林弘次から「当時新聞記事を見た時／的屋がやったのでないかと思った[62]」と言われ、そのことを報告している。この後、軍関係に割かれていた捜査員の一部は、的屋・香具師関係へと回されていく。

3　関東軍軍馬防疫廠（一〇〇部隊）

「百部隊」の浮上

一〇〇部隊の名前が捜査線上に浮上したのは、多摩部隊（一六四四部隊）の出現とほぼ同じ頃である。四月八日、〔小林・小川〕組が元九研の村上忠雄から聴取し、多摩部隊の佐藤少佐の存在をつかんだ、その同じ報告の中に、初めて「百部隊」が登場する。

〔小林・小川〕〔九研　川島秀夫からの聴取：百部隊の存在が判明（4月8日）〕
小平の獣疫研究所　川島秀夫
〔中略・以下、川島の言〕
元獣医大尉　鳥羽秋彦（四十二才）／は終戦迄満州の百部隊に所属して居た

百部隊は特殊／部隊であって　少数の将校、下士官、技師、技手、雇員等
で編成され　其任務は／
化学科（毒物の鑑識）鳥羽は毒物鑑定に従事した
第六課（謀略）毒物と細菌によるもの
技師　井田清（四十二、三才）が謀略の方を担当す(63)

この〔小林・小川〕組による調査は、基本的に九研に対するものであったが、期せずして多摩部隊と「百部隊」が浮かび上がってくる。この報告を見る限り、「百部隊は特殊部隊」「第六課（謀略）毒物と細菌によるもの」ということが強調され、七三一部隊と同じような部隊に感じられる。この「百部隊」が、「関東軍軍馬防疫廠」であるということが分かるのは、五月一日のことである。

〔曽根・高橋〕〔一〇〇部隊　鳥羽秋彦からの聴取（5月1日）〕

関東軍軍馬防疫廠
少将　若松有治郎
当時総務部長大佐　高橋富治郎
機構　一部――検疫
　　　二部――研究部

第一部は十六年七月頃野戦防疫廠として／独立　其頃　鳥羽関係なし
　鳥羽は第二部に属す
第二部長　辻大佐
事務長格　技師　村本欽弥　[redacted]
辻大佐の次の部長／中山中佐／細〔保か〕坂安太郎／終戦直前　三沢中佐
第二部は／一科～六科まであり
　一科　細菌／二科　病理／三科　厩／四科　化学／五科　植物病理学
六科　秘密の科で何をやっていたか不明
六科科長　一科細菌部門もやり〔?〕／であった　技師　井田　清
隊員は百名位　内五十名軍人他五十名／技師技手属（雇傭を含み）
大量に人を殺すのが専[redacted]／二十人三十人殺すのは考へなかった
（麦の黒穂《くろぼ》病も研究）
六課〔科〕の事を聞くには／若松部隊長／のキモイリで属官である／山口藤三
に聞けばよい〔住所・勤務先略〕
更に　◎山口藤三／に就いて
二科長　技師　◎　小野豊〔勤務先略〕
第二部長　細〔保か〕坂安太郎／（東京にいるものでは一番よく知っている）〔勤務先略〕

◎本人に聞けば判るだろう(64)

捜査報告では、この後も「百部隊」と記しているが、本来は一〇〇部隊とするのが正しい表記法である。この報告の段階で一〇〇部隊が、関東軍軍馬防疫廠ということは判明したが、おそらく捜査員は、何故に軍馬関係の組織に毒物や「謀略」を担当する科があるのか、理解に苦しんだであろう。しかし、それは第二章（八八頁）で述べた陸軍糧秣廠に毒物や解毒剤を専門にあつかう部門があったのと同じで、一応、建前としては、敵側が毒ガス・毒物・細菌などで謀略的な攻撃を仕掛けてきた場合に、それに対する防御手段を持っておくという理由であるが、それと裏表の関係で、敵側に対する攻撃手段も開発しておく、ということである。また、強力な毒物を扱っているのは、場合によっては軍馬を薬殺せざるをえないからでもある。

青酸カリが出てこない

鳥羽からの聴取で、一〇〇部隊の基本的な組織と役割を把握した〔曽根・高橋〕組は、五月五日、鳥羽の証言の中で名前が出た山口藤三のもとを訪ねた。このような場合、さまざまな人名が出た時に、捜査員は、人物の重要性もさることながら、帝銀事件の犯人像である四〇歳代・五〇歳代の人物を優先的にあたっている。報告の際にも人物名のあとに必ず年齢を述べている。

〔曽根・高橋〕〔一〇〇部隊　山口藤三41からの聴取（5月5日）〕
秘密と云ふのは／細菌戦術に帰する
新しい事実／第三部（補給製造）
部隊関係　獣医
大体細菌戦術が主で毒物を利用したのでは／ない
〔上部に横書きで〕相手を怖がらせるためで／中に入ったら何も大した秘密はない
山口は十一年十一月から百部隊勤ム／殆ど生粋の人である（百部隊に）
四十才以上の者で写真を見せて／ピント来るものは一人もなし容疑者は／出ない　尚考へておく
と云ふ
第二部長　保坂　中佐／同人には一応会ってはどうかと云ふている
毒物関係は出て来ないと思ふ(65)

一〇〇部隊は、山口が言うように毒物も扱っているが、細菌戦術（防御と攻撃）が中心で、なかなか肝心の青酸カリが出てこない。〔曽根・高橋〕組は、五月一一日には、一〇〇部隊にいた小野豊から聴取し、「秘密の部屋」とされた「六課〔科か〕」について問うたが、ここでも「細菌戦の研究が主毒物に関係なし」「青酸加里は出ない(66)」と報告するしかなかった。〔曽根・高橋〕組は、五月一七日には、獣医大佐・安田純夫を訪ねるが、一〇〇部隊よりも規模が小さい野戦軍馬防疫廠があったものの、毒物は「青酸加里を使用せず、ストリキニーネ」を使ったという情報しか得られなかった[67]。

特捜本部における一〇〇部隊に関する報告は、全期間で一七本ほどで、四月第四週から五月第三週までの間に限られている。この部隊に関する最後の報告は、次のようなものである。

〔曽根・高橋〕〔百部隊　保坂安太郎からの聴取（5月21日）〕

（1）百部隊　二部は研究

二部々長兼課長（六課）井田の次の課長

中佐　保坂安太郎　37・8〔中略〕

百部隊に関しては／六課（秘密の部）／既に報告以外に出ない

山口藤蔵〔三か〕の話が一番詳細

青酸加里は使わぬ

あったとすれば／四課　化学の部で病理臨床／の際試薬として少量はあったと思うが

之を謀略に使った事は全然ない

六課で使った者にも／四十才以上は二、三人しか居なかった

ピペットの用い方からは／化学の部屋にいたらば持ち方は／知っているだろう

〔中略〕

情報部、特ム機関は井田〔清〕自信〔身〕がタッチ／していたので他の者には判らぬ
今後井田に会う外になし
百部隊には犯人らしいものはないと云える(68)

一〇〇部隊は、日本陸軍の生物戦関係部隊として、七三一部隊・一六四四部隊と連動して捜査線上に浮上したが、捜査の限りでは、「青酸」関係の情報と、具体的な容疑者がまったく出てこず、この部隊に関する捜査は終結したのである。

第四章　捜査で浮上した日本の謀略戦部隊

1　第九陸軍技術研究所（九研・登戸研究所）

「稲田登戸研究所」の浮上

帝銀事件捜査の中で、軍関係機関としてはまず最初に習志野学校が注目され、六研、七三一部隊へと調査・捜査の範囲が広がっていった。九研（登戸研究所）も軍関係機関としてはかなり早い時期からその名前はあがっていた。第一章でも述べたように、二月一六日の居木井報告の中で陸軍科学研究所から派生した研究所の所在地として「稲田登戸」が指摘されていたし、「青酸」研究所のほぼ全容をとらえた三月一五日の〔坂和・加藤〕組の報告でも、「稲田登戸研究所／極秘の研究所（石井部隊と密接な関係あり）六研からも人事交流あり」とされていた。特捜本部における九研に関する報告は、三月第五週以降、八月第一週まで実に一九週連続でなされている。これは七三一部隊の二二週連続（三月第三週から八月第二週）につぐ長期捜査である。捜査全期間における報告数でも、七三一部隊の一七四本についで九研は九五本である（表5、本書三九頁）。

特捜本部の軍機関に対する捜査のやり方は、なるべく機関・部隊の指揮官・幹部にあたる人物に接触し、機関・部隊の概要とキーパーソンを聞き出し、それから実務担当者を当たっていく、上から下へ問いただしていく、という方法をとる。上下関係が厳しかった軍隊組織では、下位の者は上官に気を使ってなかなか重要なことを話さないが、上位の者が少しでも話すと、部下は気兼ねなく話せるからである。

南京における人体実験

だが、九研の場合、組織の概要とキーパーソン、そして人体実験のことが、実務担当者に対する聴取でいきなり明らかにされた。三月三〇日、〔小林・小川〕組は、九研二科の技手だった島倉栄太郎から聴取した。なお、報告中では「課」「二課」「課長」となっており、以後、『甲斐捜査手記』ではほぼ一貫してそうなっているが、九研の場合は「科」「二科」「科長」が正しい。少し長いが主要部分を引用する。

〔小林・小川〕〔九研二科技手　島倉栄太郎44からの聴取（3月30日）〕
十年十二月軍属（工員）となった／十四年五月頃迄六研にいた／十四年五月末より九研に転属した（傭員）
十九年三月技手となり終戦まで九研
十四年十月から九研は本格的に仕事をし／出した（毒殺方法）
仕事　総務課長　少将藤気
1．幹部一五名／全員で百名位
2．第一課　藤気兼治／電気関係
3．第二課　課長　山田桜大佐／毒殺隊　焼夷《しょうい》カード／薬品の研究
4．第三課　課長　山本大佐／外国紙幣の偽造　印刷関係
5．第四課／二課で毒物の研究をしたものを／大量に製造した／畑尾大佐
毒物関係
第二課／村上も島倉も二課にいた

1．コレスチン（毒薬）粉末呑ませる[redacted]／菫色《すみれいろ》苦い（砂糖を入れて呑ます）／三日かかっ〔て〕死亡する

2．アコニチン／北海道で熊を取る時に使用した／トリカブトの球根を精製して作ったもの／注射しても呑ましても相当強力

3．アマガサ蛇毒／人に噛みついた液を[redacted]して作る

菫色味の結晶／[redacted]になすって使用する相当強力／之は酸に弱いので胃に入ると死なぬ

4．青酸／九研で研究したのは／青酸ガスを冷却して液化した青酸液体／之を銅のチューブに入れて外地で使用／（大小種々あり）

5．青酸加里の人物試験（ウドン粉を丸めて）／国外地では試験した／内地では猿と鳥に呑ました

効果のあるのを／外地で呑ました場合／効果のあるのを九研の技術員か[redacted]外地／に持って行って試験する

中支でやった（主として）／島倉も[redacted]して行った

浮浪者、軍に反抗した者を相手に／一人一人やった／酒に入れたり水に入れたりして呑ました

致死量1．青酸ガス0・02g／呑ました人によって違う　ハッキリ忘れた

中和剤は毒をなくすのはやらない／呑まないと無理に呑ませる

変化を此場で解剖して軍医が見せた

砒素《ひそ》　百ミリ／一gでも死なないのが判った／文献は出鱈目《でたらめ》である

技術者（先方へ持って行って実験した）

1．技少佐　村上忠雄41・2〔住所略〕

2．〔住所略〕／技術大尉　滝脇重信36・7〔中略〕

3．〔住所略〕／技少佐　土方博40位

4．幹部　課長山田桜／村上／土方／滝脇

〔住所略〕／（先方へ行った）少佐　伴繁雄42・3

〔住所略〕　長谷倫夫38・9〔中略〕

長谷と同会社　技大尉　小堀文雄35・6／〃大尉　杉山圭一37・8／長野の方にいて住所は判らぬ

長靴の点（幹部[redacted]が履いた）三年以上の雇も履いた／黒でなくチョコレート色

チチハル　石井部隊

中支　中佐　増田部隊／（細菌、薬品もやったらう）[1]

島倉は、九研の毒物をあつかう二科についてかなり踏み込んだ証言をしている。青酸カリなどの毒物を外地で人物試験（人体実験）したことを述べ、とりわけ「中支でやった（主として）」としている。これは前述（本書一五六〜一六三頁）した南京の一六四四部隊における人体実験のことである。

ヒ素の場合、「一gでも死なないのが判った／文献は出鱈羅目である」と人体実験の成果を述べている。「先方へ持って行って実験した」とあるが、時々出てくる「先方」という言い方は、外地や戦地を意味している。そして、毒物関係の幹部・責任者をもれなく挙げている。

ただし、島倉は、九研の二科のことについてはかなり詳しく証言しているが、九研の全容が分かるかと言えばそうではない。九研の第一科は、電波兵器（レーダー＝「ち号兵器」や電磁波で飛行機を撃墜しようとした「く号兵器」）・無線機器・風船爆弾などを開発していた科であり、第二科は毒物・薬物・スパイ・憲兵資材、第三科は、中国蔣介石政権の紙幣などの各種偽札、ソ連などの偽パスポートなどの製造、第四科は第二科で開発した時限爆弾・焼夷剤などの量産を担当していた。九研は、各科ごとに縦割りで、技術者たちは自分が所属する科・班のことは知っているが、他の科・班のことはほとんど知らない。二科に属していた島倉の証言にもそのことが表れている。

人体実験のさらなる追及

しかし、帝銀事件の捜査という点でいえば、重要なのは第二科における毒物開発と人体実験であった。そのため、毒物開発に関与していた島倉自身がキーパーソンであった。そのため四月一日、「小林・小川」組は再び島倉を訪ねた。聴取の焦点は、九研による人体実験であった。

〔小林・小川〕〔九研技手　島倉栄太郎からの聴取：2回の人体実験（4月1日）〕
十六年に第一回　六月末〔南京に〕行った
畑尾〔正央〕中佐
〔住所略〕伴繁雄／〔中略〕村上／土方／滝脇
獣医　河山昭（白毛あり〔住所略〕）45・6
島倉　[redacted]雑貨
計七名で行った
場所　中支の南京／接収の病院内で／支那人男のみ三十人位試験した
第一回目の薬／五〇〇瓦入青酸加里／大口瓶壱本／外国製（白色）瓶
青酸　五〇〇瓦入五本／純青酸　銅製[redacted]を入れて／ゴムで密閉　薬壷用のゴムの袋に
右を入れて
　アマガサ蛇の毒　5g入　ガラス小瓶[redacted]本
　ハブの毒　同　二本位
　硫酸アトルピン　25g　一封度《ポンド》／（水によくトケる）
　青化汞《ママ》　25g　一本
　[redacted]砒素粉末　500g入　一本
三十人に色々実験した／方法は三人か二人に仕切ってある

喉が乾いたろう水が欲しい水をのませて
白衣を着てやって日本の医者だから見て貰え
青酸加里は沢山のやった完全死まで
私は青酸をやった　注射三分／呑ませて五分～十分／心臓止まるのが十分位　すぐ倒れる
第二回目
十八年十二月頃（正月やった／十九年一月初めに帰へる）／上海へ行った一カ月位
隊長　伴繁雄
滝脇
技師　中林博保／島倉
計四名
二回目と一回目と同様／この時は特務機関にやらせた／伴繁雄が立会った／特務機関の名前は判らぬ
〔技師滝脇重信　36　から聴取〕／参考になるのは出ない(2)

九研による南京における二回の人体実験をつかんだ〔小林・小川〕組は、この人体実験にかかわった人物の聴取を続けた。

九研と特務機関との関係

島倉について翌四月二日には、毒物合成にあたった第二科第二班長だった村上忠雄（技術少佐）、第二科庶務班長だった滝脇重信（技術大尉）から人体実験について聞いた。

〔小林・小川〕〔九研　村上忠雄・滝脇重信からの聴取（4月2日）〕

（1）村上忠雄〔住所略〕

人物試験に就いて聞いた　同日は

〔第一回〕十六年五月～六月　南京接収病院

[redacted]を他物に混入／水にとく場合　二様の実験／（支那人は水を呑まぬ為青酸を注射してやった）

青酸加里は[redacted]でのませた／医者のタイプで行って／先方が手をつけぬため　無理にも呑ませたが

／呑ませ方は指示せぬ

飲んでからは「タイム」を取って変化を見た／スポイトは使用せぬ　呑ませ方は指示せぬ

第二回目は伴が行った

上海の特務機関にやらせて　伴が立会った／人物試験の人数は記憶なし

メンバーは[redacted]以外は出ない

（3）〔住所略〕／九研　庶務班長　滝脇重信
第一回／十六年六月から
第二回　上海の特務機関で／特務機関は中野で教育を受けて来たと云ふて／いた　伴に聞けば判るか
研究室で誤て　毒を呑んだ場合は／滝脇が研究した
臭酸カリュウム　青酸加里は可と思われる／を作った、青酸みたいな強いのは効果なし／他の薬は大抵吐き出すので[redacted]〔胃〕を洗ったような結果になる
四十才以上将校　七人
技手　　　四人
四十才以下　　十人位
（嘱託、技手、傭員）
どれが良いと云えぬから[3]　やって見て貰いたい
二課の二班員でする

村上と滝脇は、人体実験について語っているが、毒物については「青酸」「青酸加里」としているだけで、前日の島倉の証言の方が詳しかった。だが、滝脇が、毒を誤って飲んでしまった場合の処置剤について語っているのが、捜査員には目新しさがあったと思われる。滝脇は、二科の「四十才以

上」の将校・技手の人数をあげている。「どれが良いと云えぬから　やって見て貰いたい」とは、誰が帝銀事件の犯人写真に似ているとは言えないので、捜査側で確認してもらいたい、ということであろう。

〔小林・小川〕組は、四月七日に九研技手だった朝山晃に人体実験について尋ね、朝山は、一九四一年六月の南京における人体実験の参加者には、「陸軍中佐　市川修44」を加える必要があること（ただし、人相体格でシロらしい）、「青酸加里／を紅茶に入れて呑ませた／傍で見て居た」こと、この「南京に行ったとき人相可なるもの」（手配写真と似ている人物）として前述したように一六四四部隊の佐藤少佐を挙げている。また、「試験の結果を朝山は上海の特務の機関に知らせた（致死量の点を）（伴に聞いてくれ）」としている[4]（本書一五三頁）。このことから南京における人体実験は、九研のデータ収集だけではなく、特務機関に実験結果を知らせ、謀略工作に直ちに活かすための実戦的な役割をもっていたことが分かる。これは、九研が特務機関と密接にかかわっていることを示すものである。〔小林・小川〕組は、翌四月八日に、再度、村上忠雄を訪ね、「其の実験の結果其の致死量は特務機関に一々／報告された[5]」ことを確認している。

九研第二科長・山田桜からの聴取

毒物開発の実務担当者の聴取を繰り返した後、〔小林・小川〕組は、いよいよ第二科長だった山田桜（技術大佐）にたどり着いた。

〔小林・小川〕〔九研二科長　山田桜からの聴取（4月14日）〕
〔住所略〕／元九研二課〔科〕長　山田桜48才
九研の組織及分担は
所長　中将　篠田鐐《りょう》〔住所略〕
第一課　課長　大佐　草場季喜／〔住所略〕
　電気電波関係
第二課　課長　山田桜
　謀略器具の研究、変装用具、秘密通信インク／爆薬、謀殺薬（毒物で一部門でなって専門的に
研究）
第三課　二課長兼務
　印刷関係（外国紙幣の印刷、宣伝文書等）
第四課　二課で研究した用具の多量製造
第二課は更に七班に分かれてゐて
第一班長　坂重雄〔伴繁雄〕〔住所略〕
第二《ママ》班長　土方博〔住所略〕

第三《ママ》班長　村上忠雄／毒物の摘出（毒草毒蛇等から）

第四班長　丸山正雄〔丸山政雄〕〔住所略〕

　医務関係（毒物を飲めば其の刺激で吐瀉《としや》する場合／が多いので其の味を消すことを研究す／軍医二人がゐた）

第五班（班長不明）写真関係

特殊班

◎第六班長　久葉某〔住所・勤務先略〕

　第七班長　池田某

朝山は六班に所属し久葉の助手をしていた　此の特殊班は／第二班で研究した事の実施を担当す過般戦犯関係で進駐軍から調査された時は此の班は除外し／表面に出さなかったのでそれから今後共其点特に注意して欲しいとの事

尚第三課は紙幣の印刷等で対外関係であるので之又秘密にして貰い／度い

各班には技手雇員等各十五、六名宛居り　九研は多人数／に対するものでなくして個人謀略を研究したのである

山田氏は九研関係者の氏名を調査の上連絡する旨申してゐるので／其の名簿によって更に捜査を行ふ心算(6)

山田桜からの聴取によって九研の組織概要と二科の班構成・責任者がほぼ明らかになった。第二科第一班長だった伴繁雄が戦後にまとめた『陸軍登戸研究所の真実』（芙蓉書房出版、二〇〇一年）によれば、一九四五年四月の疎開直前時点における登戸研究所の組織と研究課題は次ページの【表11】のとおりであった。これと比較すると、〔小林・小川〕組が山田桜から聴取した情報は、人名などで若干の記憶違いとおそらく口頭報告を『甲斐捜査手記』に記述した際の聞き間違い、文字の書き間違いと思われる部分はあるものの、九研の第二科に関する限りは、かなり正確な情報だったといえる。また、「九研は多人数に対するものでなくして個人謀略を研究したのである」というのは九研二科の性格を端的に示している。

ここで注目すべきは、第二科の毒物製造にかかわった第一・二・三班ではなく、第六・第七班が「特殊班」とされ、「過般戦犯関係で進駐軍から調査された時は此の班は除外し表面に出さなかったのでそれから今後共其点特に注意して欲しいとの事　尚第三課は紙幣の印刷等で対外関係であるので之又秘密にして貰い度い」という部分である。表11によれば、第二科第六班は、「対植物謀略兵器ほか」、第七班は「対動物謀略兵器ほか」となっているが、これをGHQに対して「表面に出さなかった」のは、六班があつかった「対植物謀略兵器」とはアメリカの小麦を枯らすための細菌兵器[7]、七班があつかった「対動物謀略兵器」とはやはりアメリカの牛を死滅させるための牛疫ウイルスであり[8]、ともにアメリカにおそらくは風船爆弾によって散布することを想定していた生物兵器であったためと思われる。また、第三科は製造された偽札は分量的には大半が蒋介石政権の紙幣であったが、一部、

【表 11】登戸研究所の組織（1945 年 4 月の疎開前、所員の階級は終戦時）

	科	班・班長	研究課題
第九陸軍技術研究所所長篠田鐐中将（工学博士）	第一科科長草場季喜少将	庶務班　中本少尉	
		第一班　武田照彦少佐	風船爆弾、宣伝用自動車ほか
		第二班　高野泰秋少佐	特殊無線機、ラジオゾンデほか
		第三班　笹田助三郎技師	怪力光線（殺人光線）
		第四班　大槻俊郎少佐	人工雷
	第二科科長山田桜大佐	庶務班　滝脇重信大尉	
		第一班　伴　繁雄少佐	科学的秘密通信法、防諜器材、謀略兵器、憲兵科学装備器材、遊撃部隊兵器ほか
		第二班　村上忠雄少佐	毒物合成、え号剤
		第三班　土方　博少佐	毒物謀略兵器、耐水・耐風マッチほか
		第四班　黒田朝太郎中尉	対動物謀略兵器
		第五班　丸山政雄少佐	諜者用カメラ、超縮写法、複写装置ほか
		第六班　池田義夫少佐	対植物謀略兵器ほか
		第七班　久葉　昇少佐	対動物謀略兵器ほか
	第三科科長山本憲蔵大佐	北方班　伊藤覚太郎少佐	製紙・すかし
		中央班　谷　清雄技師	製版・印刷
		南方班　川原広真少佐	印刷・インク
		研究班　岡田正敬少佐	分析・鑑識
	第四科科長畑尾正央大佐	夏目五十男少佐	第一科・二科研究品の製造、補給、指導

出典：伴繁雄『陸軍登戸研究所の真実』（芙蓉書房出版、2001 年）34 頁より作成。第三科の班・班長・研究課題については、南方班所属の大島康弘氏証言（『明治大学平和教育登戸研究所資料館ガイドブック』22 頁）により修正した。

米ドル札、インドルピー札を含んでいたので、戦争中といえども非合法的手段であったことを懸念したものであろう。

なお、山田桜がGHQの調査に際して、これらの問題を「表面に出さなかった」ことは、GHQとの関係で別に重要な問題（日本軍関係者の米軍との取引と戦犯免責）もあるので、第五章において改めて検討することにする。

青酸カリによる人体実験の不首尾

九研の元第二科長・山田桜は、捜査陣に対してかなり協力的な姿勢を示したようである。四月一六日には、山田は、〔小林・小川〕組に対して二科の名簿を提出している。

〔小林・小川〕〔九研　山田桜・小堀文雄からの聴取（4月16日）〕
（1）山田桜の処へ行き／名簿が出た
一班／伴　二《ママ》班／土方　三《ママ》班／村上　以上毒物の方
一班は　爆薬（終戦当時）
二《ママ》班は土方　毒薬／薬剤師のみで毒薬専門
三《ママ》班　村上　植物から毒物の抽出

四課で毒物をやっていたのは左の二人
　夏目五十男40幾才
　杉山圭一
山田曰く　九研を探るなら／一課電気／三課印刷より二課を[redacted]はなくてはならぬ
二課でも二班《ママ》の土方の方が本件手口に良い
一班二班の交代
終戦当時　長野県兵庫県へ疎開しても／人の入れかえなし（伴は開設以来いたので）
　伴は上の方へ折衝（現地の偉い人と折衝している）
　土方が実験の立会をしている
土方の児分《こぶん》　技大尉薬剤師小堀文雄29／〔住所略〕／の処へ行った
土方の事を聞きに行った　小堀の話
入ったばかりで／十六年頃行かぬが　土方から聞いた話
現地の軍医の健康診断をする／腸が悪い、下痢をしているのはやらず健康の人
を[redacted]やる　捕虜は悪質の者で少数であった
実験の処は　松の間　鉄の格子の入っている／此処へ入ると試験されると諦める
椅子は一つ　憲兵一人着剣で入っている
呑ませ方は　青酸加里の場合

紅茶／お茶／ウイスキー／に交ぜる
仁丹《じんたん》の中に交ぜて
一人が呑まして一人がストップウオッチを押す
佐藤中佐と[redacted]人で考え／一人一人やる（詳細にメモを取るのもある）
青酸加里の場合には／駄目だった　青酸加里は味がある　嘔吐をする／反応が早すぎる
九研でも呑まして　三日位経て死ぬのが目的であった
青酸加里は呑めば確かに効き目がある
南京の試験の結果はマズかった
小堀から一人出た／二課から四課へ行った
夏目五十男43・4／人相は似ている　五尺二寸五分位／中肉　面長　色黒　胡麻塩　オトナシい顔／一番人相がよい〔中略〕
現地の特務関係、医者の関係は／伴や土方／から聞いてくれと言う[9]

小堀文雄は第二科第三班長・土方博から聞いたこととして、南京での人体実験の評価として青酸カリの実験が「駄目だった」としている。「青酸加里は味がある　嘔吐をする／反応が早すぎる」がその理由だった。第三章の一六四四部隊のところでも述べたが、青酸カリは、味（刺戟）があり、超即効性であるので、謀殺、とりわけ多人数を同時に殺すのには向いていないということを九研の研究者たちも認識していたのである。

そうすると、帝銀事件の犯人は、それを承知の上で青酸カリを使ったのか、知らずに使ったのか、そもそも使われた毒薬は青酸カリだったのか、という疑問がわいてくる。帝銀事件の生存者は、第一薬を飲んだ時に喉を焼くような強い刺激を感じているということは青酸カリが使われた可能性を示している。しかし、一六人中一二人を死亡させるほどの、おそらくは致死量ジャストかそれを超えるような青酸カリを飲めば、第二薬を飲む前に倒れる人が続出してもおかしくない。帝銀事件の毒物は、青酸カリにしては反応が遅いように感じられる。捜査陣が、「青酸」による人体実験を執拗に追い続けたのは、この難問題を解く鍵をなんとか見つけ、さらに毒殺行為の経験者をふるいにかけていくことで、犯人に行き着けると考えたからである。

キーパーソン伴繁雄からの聴取

九研の捜査では、科長の山田桜は捜査陣の掌中にあるように見え、南京の人体実験にかかわった島倉栄太郎・村上忠雄・滝脇重信からは供述を得ているので、残るキーパーソンは、第二科第一班長の伴繁雄と第三班長の土方博ということになるが、二人とも東京近郊にはいなかった。二人のうち、伴繁雄は、第一班長とはいうものの、第二科全体の総括班長ともいうべき重要人物であった。〔小林・小川〕組が、伴の所在をつかみ、長野県伊那への出張に出発したのは、四月二一日のことである。出張報告は四月二六日になされている。この〔小林・小川〕組の報告記録は、『甲斐捜査手記』一二ページに及び、ひとつの組の報告としては、捜査全期間を通じて最も長い部類に属している。これを全部引用すると長過ぎるが、内容も重要なところが多いので、分割して検討していこう。

〔小林・小川〕〔長野県下出張捜査結果、九研関係者からの聴取（4月26日）〕――その1

長野県下へ出張しての捜査結果

（1）〔住所略〕元陸軍技術中佐〔少佐〕白《しろ》　伴繁雄　43

浜松高工応用化学科出

昭和二年三月浜松高等工業応用化学科／卒業

同年三月陸軍科学研究所へ入所

十四年九研が創設のため同所へ転入

第二課勤務

九研は兵器行政本部の直轄／参謀本部とは密接な関係があった

組織は従前通り

第一課　電気関係／大佐　草葉〔場〕季喜

第二課　化学（主として合成毒物）／大佐　山田　櫻

第三課　秘密印刷／大佐　山本　某〔山本憲蔵〕

第四課　製造関係／山田櫻兼職
九研の目的は謀略器材及び毒物の研究
二課
一班長　伴　繁雄／毒物　爆薬　焼夷剤　鑑識器材
二《ママ》班長　土方　博／毒物合成を主として研究
〔九研での〕毒物合成は個人謀略に用いる関係上死後原因が／一寸掴めぬような毒物を理想とし
て研究し／中には成功したものもあった（青酸ニトリール）／（土方の部下滝脇／が陸軍大臣か
ら功績賞を貰った）
即効性
用途　目的／により即効性のものと遅効性のものとに大別していた
　青酸／青酸加里／蛇の毒／青化工〔汞〕水（青酸と水銀の化合物）
遅効性のもの
　主として細菌が多い
青酸ニトリールは／青酸と有機物の合成に／九研が特殊なものを加えて作った
服用後胃の中に入ってから／三分から七、八分経つと／青酸が分離して人を殺す（致死させる
水を加えて振盪《しんとう》すれば　乳白色となり――違ふ
味は喉をやく／――？／ような刺激／はあるが臭味／はない

青酸ニトリールは／液体で透明／一回一人分2ccのアンプルに入っている
伴は昭和十六年五月二十二日から人体実験をした
南京病院／多摩部隊の本部になっている
課長　佐藤少佐の指揮で
実験を始めた
始めは厭であったが馴れると一つの趣味になった／（自分の薬の効果を試すために）
相手は／支那の捕虜を使って／相手が試験官を疑うので擬装して行なった
例えば
紅茶の中に／青酸加里を入れて呑ました場合
試験官と一緒に／俺が先に呑んで見せるから心配しなく／ともよいから呑めと云ふてやった
捕虜の分のは予め茶碗に満たさせておく
又は給仕が予め茶碗に入れて来て／各自に出してくれる（入れない印のあるのを／捕虜に与える）
斯様にして呑ました
注射は／万年筆様でキャップをとると／針がでる　その針で着物の上から刺す／ような仕組になっている／之は主としてハブの毒／一呼吸で倒れる
針を抜かない裡《うち》に倒れる／屍体はすぐ解剖して研究の材料にした

私は（伴曰く）
何回となく実験を行って／青酸系の毒物の死に方は／全身をノバして「ケイレン」をおこす／
（仰向けに倒れる）
死に顔は青酸特有の死に方である
解剖して見ると／青酸の場合は死後も血液が／鮮紅色《せんこうしょく》を呈している
私〔伴繁雄〕は
青酸加里で試験した結果／帝銀事件を思い起こして考えて見るのに／青酸加里は即効的のもので
あって
一回先に薬を呑まして／第二回目を一分後に呑まして／更に呑んだものがウガイに行って倒れた
／状況は
青酸加里とは思へない
青酸加里はサジ加減によって時間的に／経過さして殺す事は出来ぬ
私にもしさせれば／青酸ニトリールでやる
青酸ニトリールを呑ました場合は／青酸は検出出来るが／他の有機物は発見せぬ（検出出来ぬ）
伴曰く
人体を解剖した結果／どの人の身体も胃から加里分を検出／するのが通常である
伴曰く

事件当初に於て／新聞に警視庁の鑑識課が／青酸化合物と云った　これは至当な言／であると私は思ふ
青酸加里と後で聞いたが私の実験の結果青／酸加里とは私の実験の結果からは思えない[10]

伴繁雄は、浜松高等工業学校（現・静岡大学工学部）応用化学科を一九二七（昭和二）年三月に卒業してすぐに陸軍科学研究所（陸科研、新宿百人町）に軍属（雇員）として入所した。伴は、篠田鐐工兵大尉（のち中将、九研所長）を研究主任として同年四月に発足した「秘密戦資材研究室」に勤務し、一九三九年に陸科研登戸出張所＝登戸研究所（神奈川県橘樹《たちばな》郡生田村・現在川崎市多摩区）が発足すると、そこに移り、技手・技師から技術将校となり、第二科第一班長として篠田所長と歴代第二科長を支える存在で、敗戦時には技術少佐であった。伴は、九研の前身機関から一貫して、篠田鐐《りょう》につかえた生粋の秘密戦研究者で、第二科のみならず、九研＝登戸研究所全体を知る数少ない人物の一人であった。

未知の毒物・青酸ニトリールの浮上

その九研のキーパーソン伴繁雄は、長野県伊那の自宅に訪れた〔小林・小川〕組に、まず、「九研の目的は謀略器材及び毒物の研究」で「参謀本部とは密接な関係があった」と端的に述べた。実際、登戸研究所は、参謀本部第二部第八課（大本営謀略課）から直接、命令をうけていた。そして、伴は、九研での「毒物合成は個人謀略に用いる関係上死後原因が一寸掴めぬような毒物を理想として研究し中には成功したものもあった（青酸ニトリール）（土方の部下滝脇が陸軍大臣から功績賞を貰った）」と、ここで開発された毒物が、「個人謀略」に用いられるもので、しかも死因が特定できないようなものを理想とし、「成功したもの」＝青酸ニトリール（アセトンシアンヒドリン）もあったというのである。ここで「功績賞」と言っているのは、陸軍技術有功章であろう。伴自身も一九四三年に「特殊理化学資材」の開発によって受章している。九研関係の捜査が始まっておよそ一か月、すべての関係者が口外しなかった「青酸ニトリール」という捜査陣にとって未知の毒物がここに浮上した。しかも、この毒物は、「服用後胃の中に入ってから三分から七、八分経つと青酸が分離して人を殺す」というのである。さらに伴は、「味は喉をやく――?ような刺激はあるが臭味はない」「青酸ニトリールは液体で透明」と説明したとされている（この点については後述する）。

この後、伴は、南京の多摩部隊で「昭和十六年五月二十二日から人体実験をした」ことを述べ、「始めは厭であったが馴れると一つの趣味になった（自分の薬の効果を試すために）」としている。目の前で生きた人間に毒物を投与し、死に至らしめる残酷な実験が「馴れると一つの趣味」になるというのは、戦争というものが、あるいは軍事科学に歯止めなく没入することが、人間の正常な倫理観を破壊してしまうことを示している。戦争に勝利するため、研究成果をあげる、という大義名分がかかげられた時、真面目な人間、使命感をもつ研究者であればあるほど、人間性を喪失してしまうという戦争の恐ろしさを示す事例である。

この人体実験のことを述べた後、伴は、〔小林・小川〕組が瞠目する所見を提示した。「青酸加里で試験した結果帝銀事件を思い起こして考えて見るのに青酸加里は即効的のものであって一回先に薬を呑まして第二回目〔第二薬〕を一分後に呑まして更に呑んだものがウガイに行って倒れた状況は青酸加里とは思へない」「私にもしさせれば青酸ニトリールでやる」というのである。〔小林・小川〕組の報告によれば、伴繁雄は、帝銀事件の犯人は青酸カリを使ったとは思えない、有力な毒物は九研の開発した青酸ニトリールであると語ったということになる。

しかし、もしも使用された毒物が青酸ニトリールであったとすると、そのような特殊な毒物を犯人はどのように入手したのか。この点について伴繁雄は次のように語っている。

〔小林・小川〕〔長野県下出張捜査結果、九研関係者からの聴取（4月26日）〕――その2
青酸ニトリールの流れ
之を管理していたのは（九研に於ける）〔住所略〕
二課二班　技師　北沢隆次　40
終戦当時
陸軍省と参謀本部／の使いと称し自決用に青酸ニトリール
をくれと言って／二回に亙《わた》って二、三百本持出して行った

今考えて見るのに之を持って行って自決した／者はない
私は今でも流れが疑問であって困る／〔今でも疑っている〕
青酸ニトリールと判れば範囲は非常にせまい〔中略〕
色々本症情〔状〕を数えながら絶対ニトリールであると伴は言っている[11]

伴繁雄によれば、青酸ニトリールのアンプル（一回分二cc入り）は敗戦時に軍関係者によって二〜三〇〇本持ち出されているというのだ。〔小林・小川〕組は、伴からの聴取の後、伴の自宅の近くに住んでいた杉山圭一を訪ねた。登戸研究所関係者が、伊那に集まっていたのは、一九四五年四月に本土決戦にそなえて、研究所の本部と生産部門が伊那地方に移転し、多くの所員も移り住んだからで、戦後も同地にとどまっている人も多かったからである。

（2）〔住所略〕技術大尉　杉山圭一　36／〔東京薬専出〕
二課二班土方の部下
「青酸ニトリール」の事を聞いて見た
同人曰く／方程式／は滝脇が知っている筈
杉山曰く
青酸加里では危険で出来〔ない〕から青酸ニトリール／を使ったのが正しい

若し青酸加里を使ふ場合／よく青酸加里の特徴を研究した大家か／若くは全然素人がやる以外一般化学者／はそう云う即効性のもので十六人も殺す／事は出来ない（危険で）／青酸ニトリールの方がやり良い(12)

杉山圭一も青酸カリはあまりにも即効性で危険、使ったとすれば「大家」か「全然素人」で、「青酸ニトリールの方がやり良い」とした。

九研と中野学校・参謀本部との関係

〔小林・小川〕組は、毒物で新しい知見を得ただけでなく、伴繁雄が中野学校の教官を兼ねていたことを本人から聞き出した。

〔小林・小川〕〔長野県下出張捜査結果、九研関係者からの聴取（4月26日）〕――その3

伴の中野学校関係

終戦迄中野学校で（昭和十四年から／終戦迄）／薬物謀略並に鑑識の教官をやっていた／この学校の本当／の名前は／第三十三部隊と云ひ

教授科目は

1．防諜《ぼうちょう》／2．諜報／3．謀略／4．宣伝／以上四項
生徒
　甲種学生　現役の将校で／少佐大尉級から
　乙種学生　召集の将校
　丙種　　　下士官
二年が建前であったが終戦当時は一年間／位で卒業させていた
　乙種学生
　学歴はまちまちで／各社会の階級から集めた
例えば／1．僧侶／2．新聞記者／3．学者／4．技術者／5．遊び人／が職業的地位から諜報
謀略によいから／職業的地位を利用した
当時の校長は／中将　川俣雄人《たけと》
毒物謀略の教官は／軍医学校から　内藤〔良一〕少佐／が派遣されていた
同人は復員局から判る
内藤少佐以外の教官はよく判らぬ
生徒には／呑ませ方／注射の仕方／毒物の効果／は教えたが調合法は教へなかった[13]

伴が述べたように、九研は「個人謀略」のための兵器・資材を開発する機関で、その点では大規模

な謀略や部隊単位の作戦を前提とした七三一部隊や六研・習志野学校などとは異なっている。だが、「個人謀略」という点で、九研は中野学校や憲兵、特務機関とは関係が深い。また、兵器開発の命令、製造された兵器・資材の受け取りという点で、九研は参謀本部（第二部第八課）と特別な関係を有していた。

伴曰く
石井部隊とは直接関係なし
毒物は兵器であるから／兵器行政本部の手を経て九研から／特殊部隊に廻すのが本来である
参謀本部は其の手を経ないで参謀本部／が直接取りに来た
試験結果は其の都度書面で／参謀本部／兵器行政本部　に報告してある
参謀本部　猪俣少佐　38／が直接毒物を取りに来た(14)

ここでは九研は、石井部隊（七三一部隊）とは「直接関係なし」としているが、人体実験という点では、第三章でも触れたように（本書一六〇～一六三頁）、南京の一六四四部隊と密接な関係を有していたことは確かである。

青酸ニトリールの追跡

伴繁雄から青酸ニトリールについての説明を受けた〔小林・小川〕組は、四月二六日に特捜本部でその出張報告をし、翌二七日にはさっそく九研で青酸ニトリールの開発にあたった滝脇を訪ねた。すでに滝脇からは二度聴取していたが、滝脇は青酸ニトリールについては一言も語っていなかった。

〔小林・小川〕〔滝脇重信からの聴取：青酸ニトリール（4月27日）〕
滝脇曰く／症状は
呑ましてから三分位経つと青酸の症状／を起こし（三分位で倒れる）死ぬのは
それから一時間一時間半かかる（死を確定される／まで）
三分経つとケイレンを起して倒れる
脈と心臓が止まるのは早い者で十五分／遅い者で一時間位かゝる
帝銀程度のなら／人工呼吸と解毒剤注射／をすれば助かる事がある（呼吸が止まっている／のであるから）
解毒剤は明日調べて話すと云ふ
終戦一年前から庶務

製造は杉山がやり／現物は北沢が扱っていた（保管係）／ので腑に落ちない
薬物のレッテルは北沢が書いていた
牛乳紅茶を混ぜても効力に変化なく／一アンプルで一人を殺せると書いてあった
説明書をつけて参謀本部に渡した(15)

特捜本部は、連日の〔小林・小川〕組の青酸ニトリールに関する報告に大いに注目した。そのため、四月二八日は本部の高木一検事自らが滝脇から聴取して、青酸ニトリールについて、その性質（色・味）、生産量、送り先などについて質《ただ》した。

〔本部情報＝高木検事〕〔滝脇重信からの聴取：青酸ニトリール（4月28日）〕
「アセトンシアンヒドリン」〔青酸ニトリール〕に就て
チアン化合物／高瀬豊吉の本、其他を見ていて
チアン化合物として
青酸其のものでは飛んで仕舞ふ／HCN　分子量／アセトン　分子量／炭酸加里末
軽くシントウして暫《しばら》く放置する／アセトンシアンヒドリンが出来る
其の儘《まま》蒸留する／之を呑ませて見た
現地へ持って行って実験して貰って／味が無いと云ふので本腰を入れて致死量を調べた

大人で一瓦　確実致死量　六十kg体重

時間は二、三分からケイレンが始まり／心臓が止まる時を死と看なして／十五分から三十分で死亡／生死の境目の時は一旦回復に見えて

一時間位して急に悪くなって死ぬ場合がある／（時には一時乃至三時間）

此のような時／人工呼吸其他の手当をすれば当然助かる

「アセトンシアンヒドリン」の研究は

アンプルに入れておかぬと／徐々に青酸が分解する

十七年八月頃に作る事やめた／製造のストックができたから／一kg弱作ったのである

2ccのアンプルに2／3〔三分の二〕位入っていた／2×2／3＝1　1／3cc

五、六百瓦最後に作った

四課杉山圭一の方へ廻しアンプルに入れたり包装／したりして完成兵器として来たのを／四課北沢が保管した

庶務班　井上少佐／助手　猪又少佐／が細かいところまでタッチしていた

兵器行政本部／の命令で要求して来る部隊に送る

持って行く場合と先方から取りに来る場合と／二様にある（現地に送った）

外地は総軍司令部へ送る／支那／南方へも持って行った

司令部に行くと／自分の管内の部隊へ持って行く

要求してきた部隊は
満州―ハルピン《ママ》特務機関（機関長少将）→十ケ位の特務機関に分れて送〔った〕
末端だと中尉の機関長
　安江芳雄　最後　秋草少将
　鵜飼（軽井沢）其の前　櫻田少将　秦、
①　大連　⑤　老翁廟《ろうおうびょう》　⑨　チャムス
②　東寧〔?〕　⑥　満州里《マンチュリ》　⑩　東安
③　黒河《こくが》　⑦　三河　11　ユイフング
④　ハイラル　⑧　牡丹江　12　エンキツ〔延吉〕
特務機関終戦の時南方へ　ビルマ
現在　西荻　小松原道雄――（黒河からハルピン《ママ》）
に聞くと　三十三部隊〔中野学校〕教官をしていた〔中略〕
現地の人は呑ませ方位しか知らぬ／（薬品の知識が無いから度胸が無い）
研究所の人はよく知っている丈に怖がる／体質其の他によって違ふために
◎アセトンチアンヒドリンは中性である（液体）
純品は臭いがしない／シアン系の臭ひが若干する
（[redacted]〔アーモンド?〕のような臭ひ）[16]

滝脇は、青酸ニトリールは「味が無い」と言っている。また臭いはしないとしつつも、若干、「シアン系の臭ひ」がするともしている。シアン系の臭いとはいわゆる「アーモンド臭」（桃や杏仁《あんにん》のにおいに近いとされている）と呼ばれるものである。また、青酸ニトリールは一九四二年八月頃までに一キロ弱のストックができたので生産を止めたこと、ハルビン特務機関などが送るように求めてきたこと、そこからさらに末端の特務機関に送られたことなどが記されている。

〔小林・小川〕組はこの後もさらに青酸ニトリールを追った。五月一二日、彼らは、九研二科の第四班長だった黒田朝太郎から聴取し、黒田は「ニトリールを主としてやった／現品は戦地に送り内地では動物実験／をやった」と語り、さらに黒田は「九研当時　軍医学校／内藤少佐／石井四郎／中野校軍医大尉渡辺茂の三人と実験の結果を連絡を取っていた」としている。伴繁雄は、石井部隊とは直接は関係がないとしていたが、機関・部隊間のオフィシャルなつながりだけでなく、軍人個人間にも軍医学校・七三一部隊・中野学校のネットワークが存在していたことがわかる。また、同日、〔小林・小川〕組は、三科の川原広真と二科二班にいた小堀文雄（土方博の部下）からも聴取をしている。小堀は青酸ニトリールについて「此の液体は無色無臭／の液体で酒、牛乳、／お茶、水に溶けるも／のである経口的の／速効性の毒薬である」とし、説明書には「此の毒物は一気に呑みほ／さなければならない」との但し書きがついていたと語った。(17)

青酸ニトリールとはどのような毒物だったのか

〔小林・小川〕組は、伴繁雄に青酸ニトリールについて聞いて以来、それについて必死に追ってきた。青酸カリには強い刺激があり、きわめて効果が早く表れるために多人数に飲ませるのにはむいていない。しかし、帝銀事件の生存者は飲んだ時一様に、つよい刺激（のどが焼けるような）を感じている。青酸ニトリールは、青酸カリに比べればすこし後から効いてくるようなので、多人数の謀殺には使いやすい。だが、青酸ニトリールは「味が無い」（滝脇）とされている。四月二六日の報告の中で、伴繁雄は青酸ニトリールは「味は喉をやく――?ような刺激はあるが臭味はない」と言ったとされている。青酸ニトリールは元来、謀殺用の毒薬として開発されたものであるので、何にでも混入できて無色・無味・無臭であるのが理想だったはずである。小堀文雄は「此の液体は無色無臭の液体で酒、牛乳、お茶、水に溶ける」と言っており、青酸ニトリールが理想の毒薬に近いことを言っているが、「無味」だとは言っていない。もし、無色無臭で無味であれば、小堀が言う「一気に呑みほさなければならない」との但し書きは、なぜついていたのかが分からなくなる。

伴繁雄の青酸ニトリールについての説明あるいは捜査員の報告は正しかったのか。説明が間違っていたり、あるいは捜査員が誤解して記録、報告したのか。常石敬一氏は、謀殺用の毒物は、無色・無味・無臭であったはずで、滝脇重信の供述（青酸ニトリールは無味・無臭）と伴繁雄の説明（報告）が一致しないことから、主語がはっきりしない「喉をやくような刺激」の一節は、青酸ニトリールの説明ではなく、青酸カリあるいは青酸ソーダの説明ではないかとしている。そして「伴が『凶器となった毒物は青酸ニトリルである』と主張しているとした誤解は、青酸カリという鑑定結果への信頼感の欠如による思い込みが生み出した、あるいはそのために手記作成に手抜かりをもたらしたと考えることができる」[18]と結論づけている。四月二六日の報告において伴繁雄が青酸ニトリールが使われたとしているのは、捜査側の「誤解」である、というのだ。ただし、常石氏は、それゆえに帝銀事件でつかわれた毒薬は青酸ニトリールではなく、青酸カリあるいは青酸ソーダだと結論づけているわけではないが、生存者が強い刺激があったとしていることから、無色・無味・無臭であったはずの青酸ニトリールではなかったのではないか、とされているように思われる。

だが、〔小林・小川〕組は、伴の説明を「誤解」したのであろうか。たしかに、「味は喉をやく――?ような刺激はあるが臭味はない」という伴の言葉が、青酸カリについての説明だったとすれば、「誤解」ということになるだろう。だが、『甲斐捜査手記』では伴が繰り返し、「青酸カリではありえない」と述べたことが記録されている。これは、どうやっても捜査員の聞き間違いや「誤解」であるとは思われないのである。

また、滝脇が言うように、本当に青酸ニトリールはすべての「味」を消すことができたのであろうか。刺激も含めて全くの「無味」であれば、「一気に呑みほさなければならない」との但し書きは必要はなかったはずである。

この毒物の味の問題について、〔小林・小川〕組も疑問をもったのかもしれない。五月二〇日、彼らは九研の嘱託であった漆原義之から聴取している。

〔小林・小川〕〔九研の漆原義之からの聴取：毒物の味を消す研究（5月20日）〕
〔現在東大薬物教授　漆原義之　シロ〕
十八年九研に嘱託として入り毒物の味を消し／てくれ
アルカロイド〔有機化合物〕は飲みにくい
こんなものを呑みよいように研究してくれ
味を消す仕事を頼まれた
青酸の金属の合成は／渋い味を持っている
青酸加里　焼くような刺激性の味がある
こんなのを消す事を頼まれたが適当な薬を発／見せられぬ(19)

漆原が九研に嘱託として入ったのは一九四三年だとしている。青酸ニトリールは、伴の言によれば一九四一年に人体実験をおこない、その後、滝脇の言によれば一九四二年にはストックができて生産が中止されている。もし、青酸ニトリールが、完全に無色・無味・無臭の「理想的」な謀殺薬として完成していたのであれば、九研は一九四三年の段階で、漆原に「毒物の味を消してくれ」といったことは頼む必要がなかったのではないだろうか。

そもそも毒物に味があるかどうか、あるとすればどのような味かはどうやって確かめるのであろうか。

無色・無臭は観察でわかるが、無味は動物実験では分からないし、人体実験をしても、まさか殺されようとしている人が「味はない」と言い残すことはないだろうから、致死量に達しない毒物を飲むか、味や刺激をたしかめてすぐ吐き出すか、ただちに解毒剤を飲んで、無味であるか否かを報告する人がいなければならない。無味であることをどのように確かめたのか、無味であると主張した滝脇も、後述する土方も、それを語っていないので不明である。

漆原からの毒物の味のことを聴取した〔小林・小川〕組は、翌五月二一日に九研の第三科長をつとめた山本憲蔵を訪ねた。九研時代の山本の仕事は、偽札製造が中心で、一見すると謀殺薬とは無縁だったように思えるが、三科の偽札工作もそもそも中国に対する経済謀略であり、またソ連の偽パスポートを作るなど、経済謀略以外の謀略活動にも関係があった。山本自身も元々は対ソ連謀略に従事してきた人物であった。山本は、次のように語っている。

〔小林・小川〕〔山本憲蔵からの聴取（5月21日）〕
現地に謀略の視察に行き九研の謀殺剤／が悪い（少し苦しみコロリとしていた）／との悪評あり
使用方法を教えた

土方、伴が現地指導に行っていた／土方、伴、満州に行っていた
先方の謀略部隊もよく知っていた[20]

時期が特定できないので、確たることは言えないが、九研の謀殺薬がふれこみほどよくなかったことを示している。

もう一人のキーパーソン土方博からの聴取

前述したように、九研における毒物開発のキーパーソンとして伴繁雄（元第一班長）・村上忠雄（元第二班長）と並ぶ存在で、在京者ではないもう一人が、第三班長をつとめた土方博であった。六月二〇日頃に静岡県に出張した〔小林・小川〕組は、土方から聴取した。

〔小林・小川〕〔土方博39からの聴取：青酸カリとニトリールの違い（6月22日）〕
〔土方博の研究の特徴〕
有機無機何《いず》れにても可　各人の好みに／よって研究の題目を定めて／化学的に毒物合成をして軍用に供す
毒物／劇物　の二種類に分けて／化学方式を研究し／これに種々なる合成をなすことを目的とし

た
遅効性／速効性　の二つを作り上げた
例えば
遅効性／服用後七日乃至十日経過して死んで／其の原因が掴めないようなものを理想／としてやれと下命されていた
理想の毒物を発見する事は出来／なかった
服用されて之を胃から腸に行き体内／に摂取されるとすぐ症状が出て仕舞った
体内に相当期間留っていて吸収せられ／ないようなものは体外に排出して仕舞って／効果がなかった
毒茸の性分を研究して之を遅効性／としたが／実験の結果　嘔気を出すので／余り適切のものではなかった
青酸及／青酸加里は既に毒物として可能のもので／研究の価値はない
唯青酸を原料として合成することを／研究していた
例へば
アセトンチアンヒドリン〔青酸ニトリール〕／のようなものである／砒素系統のものは合成はない
実験

支那人の捕虜を使って全部やったが／支那人は人を疑ふ心が余り強いので／毒を呑ませる時は／
自然にして相手方に疑心を起させない／方法であった
例へば
コーヒー／紅茶／に入れて予め毒を入れて崎〔先〕に試験官が呑ん／で見せて大丈夫だから君も
やれ／と云ふ方法を取った
そうでないと／支那人は昔から毒物の謀略を／受けていて　なかなか自分から先に呑む習性／が
ないからである
九件〔研〕の目的は
毒物を合成したが之が呑んだらどんな／症状が出るかと云う事を実験をしていた
場所／南京多摩部隊で／先方の衛生兵が全部やって自分等は／立合っていた
青酸系統は／服毒後其の人の体質健康状態に／より症状の現われるのが多少時間的に／差異があ
ったと思ふ
二分～五分以内に症状が出て／死ぬことは服毒量によって一概には言へません
◎嘔吐する事は／青酸加里でも／ニトリールでも普通である
青酸加里は／苛性ソーダのような刺激の味／があるので／帝銀事件で呑ましたとすれば味から言
って／青酸加里ではないかと思ふ
ニトリールは／青臭い臭いがするが味はない

ニトリールの症状は／青酸加里よりも症状を出すのが遅い／死んで行く状況は青酸系統と同一である(21)

土方は、「青酸加里は苛性ソーダのような刺激の味があるので帝銀事件で呑ましたとすれば味から言って青酸加里ではないかと思ふ　ニトリールは青臭い臭いがするが味はない」といって、滝脇と同じように、青酸ニトリールには「味」はないとし、「味」から言って帝銀事件は青酸カリではないか、と推定している。

〔小林・小川〕組は、青酸カリと青酸ニトリールの違いを検討してきたが、帝銀事件で使われた毒物は、もしも青酸カリか青酸ニトリールかと言えば、「味」に着目すれば青酸カリ、効き目が表れる時間に着目すれば青酸ニトリールということになる。だが、効き目が表れる時間については、石井四郎が言うように、分量（濃度）によって調整可能であるとすれば、特捜本部は、土方の言う青酸カリ説を有力としなければならなかった。

九研＝登戸研究所関係者に対する捜査は、八月になってもなお続けられた。〔小林・小川〕組は、毎日、関係者を訪ね歩き、対面して年齢・人相などからシロを確認し、さらにその人物から別の容疑者候補を出してもらうという作業を延々と続けた。しかし、九研の場合、人体実験に関与した人物はいたものの、人数はきわめて限定されており、七三一部隊や一六四四部隊のような容疑者然とした人物は出てこなかった。

2　陸軍中野学校

中野学校への捜査の始まり

中野学校の名前は、四月になると九研に対する捜査の中で時々出ていたが、六研・九研・七三一部隊・一六四四部隊への調査・捜査がたけなわとなった四月第四週に中野学校関係者に対する本格的な聴取が始まった。四月二八日、〔坂和・三谷〕組が、元中野学校長・川俣雄人を訪ね、二時間ほど話を聞いた。

〔坂和・三谷〕〔中野学校関係者からの聴取（4月28日）〕
〔中野学校校長　川俣雄人中将からの聴取〕
二時間位聞いた
大体の事は　校長やった昭和十七年～十八年一月迄

その後は山本〔敏〕少将終戦迄
機構
　本部／教育／学生隊／実験隊
総員　二百五十名
教育／甲乙丙戊種
　乙は陸軍士官学校生徒／丙は幹部候補生／戊　下士官
　甲は乙丙の卒業生の優秀なもの／を教育する筈の処実現せぬ
教育は実験隊――主として之でやる
学生隊
　隊長は何れも大佐
教育部　校長兼務　荻窪
実験隊　小松原大佐
学生隊　亀沢大佐（久留米市内に現住）
実験隊　科学者属〔軍属〕が五、六名いた
学生隊　技手が二、三名
多い時　学生八百名から千名位いた
学生は特ム機関／陸軍省／兵器本部〔兵器行政本部〕／各部隊

宣伝、謀略、諜報／の教育をした　色々ネバって聞くと
私は隊員の事は判らぬ書類は終戦の時焼ひた
小松原大佐に聞けばいくらか判るだらう
（職員学生の名前位）
参謀本部／陸軍省　に行ったものは取れぬ
教育　初め一年／十八年頃は半年、下士は三ヶ月卒業
小松原大佐は逢って見る予定(22)

日本陸軍は、日中戦争の全面戦争化に対応するため、「事変」であるとしながらも、戦時における最高司令部である大本営を一九三七年一一月二〇日に設置した。大本営設置に先だって、一一月一日、情報収集と謀略活動を統轄する臨時の機関として参謀本部内に第二部第八課、通称「大本営謀略課」が設けられ、初代課長に影佐禎昭《かげささだあき》大佐が就任した（謀略課が正式に官制上の組織となるのは一九四〇年八月一日のことである）。謀略課は、諜報・謀略要員の育成のため、一九三八年一月、後方勤務要員養成所を設けた。この機関は、翌一九三九年四月に東京中野の旧中野電信学校跡の新施設に移転、一九四〇年八月、陸軍中野学校と改称した。中野学校は、海外における秘密戦に従事する者、とりわけ満州・中国、アジア太平洋戦争期には東南アジア・太平洋方面における特務機関幹部や工作員を養成した。

中野学校実験隊の浮上

中野学校の組織は、本部・教育部・研究部・学生隊・実験隊に分かれていた。本部には、図書室・医務室・工場があり、工場では簡単な秘密戦兵器を製作した。教育部は、武官・文官からなる教官組織で、専任教官の他、陸軍省・参謀本部や九研などの研究機関からの多数の兼任教官が存在した。研究部は、文書資料の収集・分析を中心とするもので、武官・文官の兼任教官が属していた。学生隊は、本部・各種学生隊からなり、学生は校内で起居し、職員は訓育・術科教育を担当した。実験隊は、秘密戦兵器・資材の研究・実験、学生への実践教育を担当した。九研などで試作した兵器・資材の実験もここでおこなった。また、中野学校の学生は、甲種・乙種・丙種などに分かれ、甲種は、陸軍士官学校を卒業した将校、乙種は一般大学等を卒業し、予備士官学校を卒業した将校、丙種は陸軍教導学校を卒業した成績優秀な下士官から選ばれた(23)。

本格的な秘密戦、とりわけ謀略（破壊工作やテロ）を実施する要員養成という点では、実験隊が重要で、川俣校長も「小松原大佐に聞けばいくらか判るだろう」と言ったように、キーパーソンは、小松原道雄であった。これまで五一六部隊を追及してきた〔坂和・仲西〕組は、中野学校関係の担当となり、五月六日に小松原に会った。

〔坂和・仲西〕〔中野学校　小松原道雄大佐からの聴取（5月6日）〕
十六年四月中野学校へ実験隊の隊長／として行った〔中略〕
中野校は九段上に昭和十三年頃まであり／十六年頃から中野へ移った
　学科─理論
　実科─実務→小松原大佐担当
課報宣伝謀略
　潜行敵の部隊内に忍び込み／毒物細菌の謀略
　偽変《ぎへん》術を教へる〔中略〕
　殺傷破壊は薬物（青酸カリは使わぬ）
毒物細菌は石井部隊が作った／使用書〔仕様書？〕がついていた
大本営の命令でないと絶対にやれぬ
実験したのは中野ではない（生徒か）
南方中支に行っては謀略のためパンに入れ／パン、水、川に入れてやった
中野校の教育は国と国の関係で個人相手の／はやらなかった
ソ聯の方が当時相当有力なのがあった／一時に馬五百頭やられたこともあった
〔中略〕
帝銀に関係あれば私の方／青酸加里は素人にも出来る(24)

小松原が「実験したのは中野ではない」と言っているのは、毒物細菌の文脈で語っていることから、人体実験のことをさしているものと思われる。「南方中支」で謀略のために毒物あるいは細菌を「パン、水、川に入れてやった」としている。あくまでも「個人相手のはやらなかった」としているが、はたしてどうなのか。ソ連側の謀略によって「一時に馬五百頭やられた」とも語り、謀略戦の激しさを語っている。

小松原は、「帝銀に関係あれば私の方　青酸加里は素人にも出来る」と言っている。「私の方」とは実験隊で教育を受けた者ということであろう。小松原は、「毒物細菌は石井部隊が作った」と言っているが、中野学校と七三一部隊は、人脈的にもはっきりとしたつながりがあった。〔坂和・仲西〕組が小松原の次に目をつけたのは、中野学校教官をつとめたこともある内藤良一であった。

〔坂和・仲西〕〔中野学校教官　内藤良一の情報（5月12日）〕
軍医中佐　内藤良一　51・2
中野校の講師になっているが実際は／石井四郎の懐刀〔中略〕
中野校よりも　石井部隊の方をよく知っている[25]

〔坂和・仲西〕組は、内藤良一の「実際は／石井四郎の懐刀」という正体を知っていたが、内藤の方は、捜査陣の参考になるようなことは何も語らなかったようである。

中野学校関係捜査の難しさ

中野学校の捜査は、四〇代以上の人物は元生徒にはいないので、他の機関に比べれば捜査範囲（捜査対象となるのは教官・軍属）は限られているように思われた。五一六部隊捜査で経験を積んできた〔坂和・仲西〕組は、当初はそういった感覚だったように思われる。小松原・内藤から始めて、中野学校元教官をあたっていけば、浮き上がってくる人物がいるのではないかと。だが、五月一四日に中野学校と憲兵学校の両方にかかわった下田昇から聴取して、彼らは考え方を変えざるを得なかった。

〔坂和・仲西〕〔中野学校教官　下田昇からの聴取（5月14日）〕
〔元憲兵少佐　下田昇　32　からの聴取〕
同人に付　中野学校の状況を聞こうとした
卒業生の名簿はなし（特ム機関名簿／は学校だけで作ったが焼いた）
憲兵学校の名簿はある／若しあったとしても殆ど偽名で／除籍された者も相当ある
此の名簿では中野学校の特ム機関は判らぬだらう
採用資格

独身者／係累のないもの
同僚間でも機密を漏らさぬ事になっていて
中野学校の特ム機関の者で（卒業者で）／四百六十名以上／が戦犯で手配になっている
特ム機関の家族が問い合せに来る
実際に先方から帰へった事になっているが／中途からズラかっているのではないか
復員局では判らぬ
第一復員省統計課／少佐　古井員正／が特ム機関関係は判るのではないか
家族が問合せに来るので／部隊が帰へった事になっていて本人が実／家に帰へってないので家族の問合せ状況／から判断して若干古井は判るのでは／ないか(26)

軍関係者の捜査は、旧陸軍省・海軍省の残務処理をしている厚生省復員局にいけば、機関・部隊単位で名簿が整理されており、だれが復員したはずであるか、といった情報はかなりつかむことができた。また、復員局には、専門（軍医とか、憲兵とか）ごとに軍の業務に精通した人物がいて、彼らからも捜査員はどの分野にはどのような人物がいた、といった情報を得ることができた。しかし、中野学校や特務機関関係は、信頼のおける名簿がなく、「部隊が帰へった事になっていて本人が実家に帰へってない」こともしばしばであったのだ。また、中野学校を出て、特務機関につとめた者の多くが戦犯容疑者となっており、行方をくらましている者も相当いそうであった。ここで、「中野学校の特ム機関の者で（卒業者で）四百六十名以上が戦犯で手配になっている」としているが、実際には、この人数は中野学校卒業生だけではなく、逮捕状が出ているが収監されていないBC級戦犯容疑者の数のようである。

〔坂和・仲西〕組は、中野学校・特務機関関係の人物をさがす困難を知ったが、とにかく教官から手がかりをえることが先決事項であった。翌五月一五日、中野学校元教官である松浦渉を訪ねた。

〔坂和・仲西〕〔中野学校教官　松浦渉32からの聴取（5月15日）〕
〔住所略〕陸軍少佐　松浦　渉　32
同人は中野学校第一期生／十六年七月入校／十八年卒業　一ケ年半
卒業と同時に台湾に半年位　参ほん〔参謀本部〕の四課／勤ム（統計）
同人の言による／中野学校と連絡のあるのは／参謀本部第八課（機密）
当時〔中野学校第一期生〕の卒業生七十二名
五十名位が特ム機関員として諸方へ派ケン／他は陸軍省参ほんに配置
帰朝は
ビルマから帰へった二人／ソ聯から帰へった一人　計三名
他は死んだか抑留か敵地で潜伏している／か判らぬ
手配中のもの　中野学校だけで／四六八名／（逮捕状）

同人〔松浦〕等はどうなっているか判らぬ
其の前にもやっている
医者　薬剤師も採用
　当時の職員で知合／小松原大佐／教官坂口少佐／鈴木大佐／三浦少佐
　戦犯で検挙　藤原少佐
　ソ聯抑留中　浅田少佐／萩原少佐／内藤少佐
坂口に聞けば教官の名前が判る／坂口は丸ビルで変名で事務所をやっている
鈴木大佐〔住所略〕／鈴木　勲　45・6
同人は転出し引越先不明
〔住所略〕小松原の輩下／栗田口少佐／がいる　助手で〔実験隊の助手していた〕
ビルマ方面に派ケンされた連中の話では
青酸加里の丸薬を渡された
ビルマ人で敵に寝返ろうとするものを大分やった
之は間接に松浦がビルマから帰へったものから聞いた話(27)

松浦から中野学校関係者の名前がかなり出た。また、伝聞情報ではあるものの、「丸薬」の青酸カリ情報や、「ビルマ人で敵に寝返ろうとするものを大分やった」というような、謀殺情報も入手することができた。五月一八日、〔坂和・仲西〕組は、松浦渉やそこから出た粟田口繁雄・鈴木勲らの関係者、さらには復員局から聴取した結果として次のような報告をした。

〔坂和・仲西〕〔中野学校関係者と復員局からの聴取（5月18日）〕

是まで得た情報によれば復員局の話しでは現／在四六八名の戦犯容疑者が手配になっている／が、中野学校の関係の者は相当あるらしい

特務機関員等は相当未帰還の者、相当／あるらしい

[redacted]〔関係？〕の者は生死不明になってい／るので此の方の捜査は困難と思う　前報のよ／うに

中野学校の出身者は若い者が多いので該／当しないと思う(28)

中野学校・特務機関関係は、多くが戦犯手配中で行方をくらましていたり、生死不明であったり、未帰還であったりで、しかも、戦時中の卒業生は年齢的に若く該当しない。それでも、捜査陣は諦めず、小松原が隊長であった実験隊に焦点をしぼろうとした。五月二〇日、〔坂和・仲西〕組は、中野学校教官だった入沢正義から聴取した。

〔坂和・仲西〕〔中野学校教官　入沢正義32からの聴取（5月20日）〕

〔元実験隊教官　少佐　入沢正義32〕

実験隊長　小松原大佐／五班に分かれている
第一班　潜行　謀略
第二班　偽変装（騙）
第三班　宣伝
第四班　破壊
第五班　通信
入沢は第四班である　班長山本
四班入澤　少尉一人で教官三人
仮にやるなら第二班が該当／班長　越巻少佐
最近まで東京に居て現在は／新潟
最後には静岡県二俣に分校あり／中野校は群馬県富岡に疎開し／当地で終戦となった
四班は毒物教育は　少佐渡辺軍医32が／やった（山梨県に居住す）
副官　坂口中佐／高木中佐／都祭中佐
の三人がいた　三人に訊けば大体の事は判る／が住所がハッキリせぬ
教育　手島〔手島春雄〕にきけば判る〔中略〕
聞いた処によると結局／青酸の致死量の教育はしたが見本を見／せた程度
当時の職員には写真に似寄りはなし(29)

〔坂和・仲西〕組は、すでに小松原から事情聴取をしていたが、実験隊の内容について小松原は隠していた。入沢の証言によって、ようやくそれが分かり、実験隊第二班や第四班の教官クラスに取り調べるべき人物がいることが分かってきた。とりわけ、第二班長の越巻少佐や第四班長の渡辺少佐（軍医）は怪しかったが、遠隔地の居住ですぐには確認ができなかった。こうした場合、まずはその人相を知る人物に確かめるのが定石である。翌日、さっそく〔坂和・仲西〕組は、斉藤林次郎主計中佐を訪ねた。

〔坂和・仲西〕〔中野学校の斉藤林次郎54からの聴取（5月21日）〕
〔主計中佐　斉藤林次郎54〕
中野校でやるなら第二班
〔住所略〕／白　越巻勝治　35
犯人には該当せぬ／大体四十才以上の教官（斉藤、木村）
写真に似寄りは出ない（富岡へ行っても似寄りなし）
教官になし　生徒は三十六才が最高
中野校には犯人は居ないと云える
鈴木大佐は鈴木機関として行っている（一回会って見る）〔中略〕

中野校関係では容疑者なし(30)

斉藤も、中野学校で怪しいのは、実験隊第二班だとしながらも、班長の越巻勝治は、「犯人には該当せぬ」とした。年齢的に若いのと、おそらく捜査員が手配写真を見せたのであろう、「写真に似寄りは出ない」となった。結局、〔坂和・仲西〕組も「中野校関係では容疑者なし」とせざるをえなかった。中野学校関係の捜査は、四月第四週から本格化し、全期間で二五本の報告がなされたが、上述したような事情で六月第一週には行き詰まった。

3　特務機関

特務機関による毒物使用

中野学校を見たので、次に中野学校卒業生が配置されることが多かった特務機関について検討しよう。特務機関の活動については、『甲斐捜査手記』には全部で二二本の報告があるが、他の機関・部隊とはことなり、四月に七本、五月に八本、六月に六本、七月なし、八月に一本と、大きな山はないが断続的に報告がなされている。

特務機関というのは、満州・中国各地・南方各地の要所に置かれた情報収集と謀略をおこなうための組織である。規模の違いはあるものの、機関長は、士官学校・憲兵学校・中野学校などを出た将校であり、その下にだいたいは憲兵の下士官クラスが、さらにその下に「大陸浪人」的な民間日本人がいる。そして、そうした民間人は、金で現地人を雇って手先として使っている。末端の特務機関になると、予備役軍人や警察退職者などが長をつとめている場合もあったようである。

特捜本部に報告された特務機関に関する最初の報告は、四月八日の〔平塚・福士〕組によるものである。

〔平塚・福士〕〔元特務機関員・石川良平49からの聴取（4月8日）〕
松井蔚の妻の伯父で特務機関をやった人〔石川良平49からの聴取〕
〔巡査〕退職後十五年暮～十六年三月迄／南京特務機関／南京新街に特務機関
〔中略〕機関長　原田久男（少将）50位〔中略〕
機構　1. 調査部（情報）八名
2. 治安（対共産工作）三名
3. 建設（土地家屋の対■財産管理）六名

4．経理（奥地の物資の統制）八名
5．広報（一般文書の送発）十名
人の年配／二十四、五才〜三十才迄が多かった／石川は年長者〔中略〕
三カ月いる間に青酸加里で三人を殺した／（之は公にされては困る）
スパイとして支那人等を使っている
当地の情報もやるから先方のを持って来い
日本のを三つで先方のを一つしか持って／来ない
討伐に行く時此の者がいては具合が悪い
体重体質を機関長に報告する
指令書　カプセルに包んだ体重に適し／た青酸加里を与えられる
封筒極秘／を渡される
部門の中で対象が調査部の者の時は／何処で打合があるとて呼び寄せ
銀のトックリに酒が入っている
のんでいる時に「カプセル」を入れる（カプセルの侭《まま》）
之を呑ませると／ウッと云ってすぐ前に伏せる　苦悶なし
料理を運んでいる人間にも判らぬ
殺したら後は日本人の人力車が之れにのせて／所定の場所に行き埋める〔中略〕

青酸加里は機関長を通じて来るから何処／から出るものか全然判らぬ[31]

この事例は、南京特務機関につとめた民間人（元警察官）である。組織内部の二重スパイの中国人を青酸カリで殺害した時の模様が記されている。あらかじめ謀殺する人物の体質・体重を調べ、相手の「体重に適した青酸加里」カプセルが機関長から渡される、というやり方であったことがわかる。

このような青酸カリによる謀殺は、満州などでもよくあったという情報が四月一〇日にも〔坂和・仲西〕組から特捜本部にもたらされている。

〔坂和・仲西〕〔満州にいた嘉悦美毅夫からの特務機関情報（4月10日）〕

白　嘉悦美毅夫56〔中略〕

チチハルの病院長（最後）／上海、南京、チチハル

引揚は二十一年三月である（病院全部）

毒殺事件はザラにあった／南京大使館で／十四年も使った「コック」支配人が

コーヒーに青酸加里を入れ十九名の毒殺を図った／内三名死亡した

嘉悦が手当して　十六名は／（初め日本の医者には見せない）助かった

蒋介石の謀略

その外にも　支那の要人■内で／日本につかないのが「スパイ」で入っている

四人五人位毒殺した事はざらにある／月に一人や二人は殺された
最後に特務機関／嘉悦の病院から二人特務機関に行っていた
　医者　吉田36位／薬剤師　渡辺38
色々聞くと　大体特務機関は憲兵の私服が多い／情報蒐集《しゅうしゅう》　内偵
特ム機関は乞食、[redacted]屋等と色々に化ける／憲兵が中心になってやっている
終戦前（戦争に負ける前）
日本人の女と誰とでも一緒になっていて／自給自足せろとの指令が出た
チチハルより四、五里奥に　民間人に化けて相当／残っている
先方でも手馴《てなず》〔懐〕けておくので　医者等はかばってくれる
内地に[redacted]ては特ム機関の者と遭ってないが残って／いるのも事実
特ム機関は平素満人を手なずけていたので／満人がかばってくれる
丸薬／錠剤の青酸加里が多い
三抱〔包〕四抱は常に渡している（オブラートに包んで）
之を酒、コーヒー、水等に入れて使用する
先方の要人に日本要人が検[redacted]受けて／酒で日本人が十七名毒殺された事もある
丸薬だと他の薬のようになっていて判らぬ／水の中に入れて溶解させる[32]

満州のチチハルで病院長をしていた嘉悦美毅夫からの特務機関による謀殺情報である。これによると特務機関員の多くが私服憲兵であり、病院からも医師と薬剤師が特務機関に行っていたという。特務機関がこのような民間人まで使っていたとすると、外地から引き揚げてきた医師・薬剤師なども青酸カリによる謀殺に関与していた可能性がある、ということになる。先ほどの南京特務機関と同様に、ここでも丸薬・錠剤の青酸カリが使われていたことがわかる。また、同じ日（四月一〇日）、〔宮原・坂田〕組は、ジャワにいた特務機関員から、そこでも青酸カリが使われていたという情報を得て報告している。[33]前述したように、南京特務機関員だった石川は、機関長から青酸カリをわたされたと言っていたが、四月一二日に〔小林・小川〕組が、一九四三年に中野学校を卒業し、南京に配属された特務機関員・高島昇から、「多摩部隊から薬の給与を受けた」[34]との情報を得ている。南京方面での毒薬の出所は、一六四四部隊であったようだ。特務機関による毒物謀殺をもう少し見ておこう。五月一三日、〔白滝・松原〕組は、「北京特務機関長」であったという塚田信雄から聴取している。

〔白滝・松原〕〔特務機関員塚田信雄からの聴取（5月13日）〕

八州興業／社長　塚田信雄　36
北京の特務機関長（海軍の大佐相当官）／をしていた
石井の事、参謀本部関係　小池少将〔習志野学校長〕／をよく知っている
薬の関係は判らぬ〔中略〕／四十五、六才に見える

北京に総合化学研究所があった／ガス細菌の研究／石井のイキがかかったもの
中野学校出を使用したが質が悪くて／問題にならぬ／特務機関としての働きは駄目だ
学校で教へる事は役に立たなかった
チョコレート／包紙の色分で当方は赤だけしか喰／はぬと云ふ風にして喰べた（赤が無毒）
青酸加里は持たしてやらなかった／（出来て来たのを使用した）
謀略の話を相当にした
大勢の中では細菌でないとまづい／青酸加里ではすぐ倒れるから〔中略〕
登戸　篠田中将／についても聞いても判る　其の方の権威者である
小池も塚田の会社に来て勤めている
本件をやりかねないのは沢山いたが殆ど先方／につかまっている(35)

捜査員は、塚田を「北京特務機関長」としているが、公式の記録ではそれに該当する人物はいないので、特務機関員だったたか、北京特務機関の下部組織の長であったのかもしれない。塚田によれば、北京特務機関に配属された中野学校出を「特務機関としての働きは駄目だ」と酷評している。また、青酸カリをそのまま使わず、チョコレートなどにいれた加工品を使っていたようである。また、青酸カリは即効性なので、「大勢の中では細菌でないとまづい」と言っている。また、石井四郎、小池龍二、篠田鐐などとの関係を誇示し、大物ぶりを示している。中野学校のところでも見たように、「やりかねないのは沢山いたが」、特務機関員の多くが、戦犯容疑などで「先方につかまっている」としている。

具体的な容疑者名が出てこない

これまで見てきたように、特捜本部の軍関係機関に対する調査・捜査は、機関のなるべく上位にあった人物にまず接触して、そこから次第に下部に広げていくというやり方であった。しかし、特務機関に関していえば、ハルビン特務機関長やその後身の関東軍情報部長などが最も上位にあたる機関といえるが、特捜本部は、参謀本部第二部第八課長を特務機関の「元締め」とみなして、五月二六日に〔坂和・仲西〕組が、「第八課長」山本憲蔵（元九研第三科長）にアプローチした。

〔坂和・仲西〕〔山本憲蔵からの聴取（5月26日）〕
元参本の第二部八課の課長／大佐　山本憲蔵
中野学校／特務機関、謀略の直接の関係はない〔中略〕
参本から直接特務機関を出す事はない／南支・北支軍等から特務機関を出す／師団から出す場合もある／中心は中野学校の生徒であった
特務機関の関係を探すには　総軍→方面軍の／参謀に聞けば特務機関の事は分る

師団参謀は余り出してない〔の〕でないか
帝銀事件に関係して聞くと
青酸加里で個人謀略は支那当時でその後／最近はそんな幼稚な事はやっていない　青酸加／里だと大体即効薬で特務機関では出来ぬ／呑んで一週間後五日後に死ぬような薬を／使ったと思う
特務機関員は大体若い者である／隊長は四十才以上はあるが
或は中野学校の生徒の様に特務機関が〔で〕教育さ／れていれば別として
現地人を使ってやる場合が多いが　日本人が／直接やる事は少ないと思う／〔現地の雇人を使ったのでないか〕
現地人を使はねば出来ないであろう
隊長を探さねば何ともならぬ／個人の機関員が仮に雇って使うのは少ない／隊長が大体使っていると思う
本部で嘉悦の言った様な／丸薬を見た事がある／医師薬剤師を雇入れた場合は少ない(36)

〔坂和・仲西〕組は、五一六部隊を追及してきたやり手のペアであったが、ここでは山本憲蔵にしてやられている。そもそも、山本は対ソ謀略にかかわった人物であるが、第八課長になったことはない。特務機関は参謀本部ではなく、総軍・方面軍などが組織する、また個人謀略（暗殺）などは現地人を使い、「日本人が直接やる事は少ないと思う」と語り、特務機関員に捜査陣が接近することを妨げているように見える。また、山本は、比較的詳しく話しているように見えるが、参謀本部や特務機関や、彼が重要だという総軍・方面軍参謀の具体的な人名を全く出していない。山本憲蔵は、あくまでも旧軍の秘密を守ろうとした人物であったといえる。
だが、中野学校関係の調査・捜査をやっていた〔坂和・仲西〕組は、中野学校の教官で、特務機関長をつとめたことがある格好の人物を見つけ出した。

〔坂和・仲西〕〔中野学校教官・特務機関長　鈴木勇雄45からの聴取（5月28日）〕
鈴木勇雄45
参本出の中尉頃から特務機関／その後中野校の教官　更に特務機関長〔中略〕
特ム機関は　満州十数ヶ所／司令部のあるところは皆ある
ハイラル五人　あった／ハルピン《ママ》は百人　あった
宣伝謀略通信が主たる仕事であった／或る場合は宣撫《せんぶ》方面からもやる事がある
隊長の下には若い将校がいる／通信員　印刷員　事務員
現地に於て機関員の採用
医師薬剤師の現地採用は相当ある／病院の者を嘱託として使用する
入院患者へも「ネタ」を取るが謀略には使え／ぬ　現地人〔現地の?〕の満州ゴロのようなもの
を将校が使う／それが部下を更に四、五人動かして現地人を／使う　将校が直接現地人を使う場

合は少ない
大体「ゴロ」の中に医師薬剤師はいない／免状あると相当よいからやらぬ
現地で医師薬剤師の採用は病院にいるものを／嘱託として使用する
毒物関係
中野校では青酸加里の致死量を教えるが／現地で作ったものを渡していて／大抵三、四粒渡して
ある　捕まった時の自決／用　それは石井部隊及九研の伴が作っていた
一人の場合は其の場では殺せぬ／一日二日後に死ぬようなものを使用する
その結果を何に使ったとの報告は聞いてない
ハルピン《ママ》／ハイラル／広東にも鈴木はいたが知っている範囲は／以上の通り特務機関が調剤する
ことはやらぬ
鈴木　岩田／を出したが名が分らぬので取れぬ
総軍参謀　その他に聞けば判る／機関長は永くいるとすぐ判るのでそれを変名／したり他に転勤
したりする（光機関は五人も／代わっている）機関長を探すのは容易でない／雇人小使はいらぬ
外部の謀略は他でやるので将校でないと／分からぬ　機関長では判らぬ
石井部隊か伴の関係以外にはなし[37]

鈴木は、特務機関の活動のあり方についてかなり具体的に語り、医師や薬剤師を現地で特務機関が

採用することがあったことを証言している。帝銀事件捜査陣としては、前述の嘉悦の証言とあわせて、外地から引き揚げてきた医師・薬剤師にまで捜査網を広げる根拠になる証言である。また、毒物関係では、石井部隊と伴の関係、すなわち七三一部隊と九研とのつながりが述べられている。特務機関では何と言っても機関長が重要で、鈴木と同じレベルの証言がさらに得られれば、帝銀事件の捜査ももう少し広がりをもったと思われるが、鈴木が言うように「機関長を探すのは容易でない」というのが実情であった。

4　八六部隊・中野実験隊・特設憲兵隊

七月〜八月に浮上した新たな部隊

帝銀事件捜査も七月になると一四〇日程を越え、「迷宮入り」の声もささやかれるようになった。

【表12】【表13】はそれぞれ七月と八月における軍関係の捜査報告の動向である。

七月において七三一部隊・九研関係の報告件数がそれぞれ二六本・二一本あり、依然として捜査の

【表 12】7月の軍関係の捜査（機関別・週別）

	第1週	第2週	第3週	第4週	合計
	7/5 ～	7/12 ～	7/19 ～	7/26 ～ 8/1	
陸軍科学研究所	－	－	－	－	0
六研	2	2	1	－	5
七研・八研	4	－	－	－	4
九研	5	6	6	4	21
兵器行政本部	6	4	3	3	16
七三一部隊	4	8	10	4	26
一六四四部隊	－	1	－	－	1
その他防疫給水部	－	－	1	－	1
一〇〇部隊	－	－	－	－	0
陸軍軍医学校	6	6	7	4	23
陸軍獣医学校	－	－	1	－	1
習志野学校	－	－	－	－	0
五一六・五二六部隊	－	－	－	－	0
陸軍中野学校	－	－	1	－	1
八六部隊	2	4	6	4	16
憲兵隊	1	－	－	－	1
特設憲兵隊	－	－	－	1	1
特務機関	－	－	－	－	0
陸軍衛生材料廠	－	－	－	－	0
陸軍糧秣廠	－	－	－	－	0
造兵廠	－	－	－	1	1
その他	3	1	1	－	5
内訳合計	33	32	37	21	123

出典：警視庁捜査一課甲斐文助係長『捜査手記』第７巻・第８巻・別巻（平沢貞通弁護団所蔵）より作成。

重点がここにあることが分かるが、軍医学校が一一本、兵器行政本部と八六部隊が一六本と目立っている。

【表13】８月の軍関係の捜査（機関別・週別）

	第１週 8/2～	第２週 8/9～	第３週 8/16～8/21	合計
陸軍科学研究所	－	－	－	0
六研	－	－	－	0
七研・八研	－	4	4	8
九研	4	－	－	4
兵器行政本部	1	－	－	1
七三一部隊	3	1	－	4
一六四四部隊	－	－	－	0
その他防疫給水部	－	1	－	1
一〇〇部隊	－	－	－	0
陸軍軍医学校	6	5	－	11
陸軍獣医学校	－	5	5	10
習志野学校	－	5	4	9
五一六・五二六部隊	－	－	－	0
陸軍中野学校	－	－	－	0
八六部隊	－	－	－	0
憲兵隊	1	－	－	1
特設憲兵隊	5	6	5	16
特務機関	1	－	－	1
陸軍衛生材料廠	－	－	－	0
陸軍糧秣廠	－	－	－	0
造兵廠	3	－	－	3
その他	2	1	－	3
内訳合計	26	28	18	72

出典：警視庁捜査一課甲斐文助係長『捜査手記』第８巻・別巻（平沢貞通弁護団所蔵）より作成。

陸軍軍医学校関係者への捜査

陸軍軍医学校は、七三一部隊や一六四四部隊などの防疫給水部が捜査線上にのぼると、必ずそのような部隊へ軍医を供給していた機関として注目された。三月から八月まで、特捜本部での報告で、軍医学校がとりあげられなかった月はなく、捜査全期間で五一本の報告がなされている。とりわけ七月の二三本、八月の一一本が目立っている。

捜査陣が、軍医学校とりわけその中の防疫研究室に着目したのは、意外に早く、三月一九日のことである。

〔留目・金沢〕〔七三一部隊・軍医学校防疫研究室情報（3月19日）〕
〔(1)第一国立病院　小西〕
軍医学校内　防疫給水部
石井部隊が養成した学生で　丁種学生と云った
年三回乃至二回の卒業／七十名くらいの定員であった
七年〜十六年の間　二千二、三百名卒業した
南支　北支　中支　満洲　南方と分れて行った／（派遣された）

防疫研究室／には絶対に人を入れなかった(38)

この「丁種学生」については、三月二五日にも軍医学校出身の清見淳医師が、〔菊地・金沢〕組に防疫研究室にもふれながら、「丙種学生下士官で将来将校になるもの　准尉が重〔主〕で一年五、六名　防疫と防疫給水部の教育を受けた(39)」と語っている。

これまで繰り返し述べてきたように、軍関係のどの機関・部隊も年齢の問題で、なかなか容疑者が出なかったのであるが、七月になって軍医学校が注目をあびたのは、軍医学校は復員局などで名簿が整っていて、年齢的にも合致する教官層を数多くピックアップすることができたためである。他の機関・部隊の行き詰まりの結果、比較的、人名が明らかで、現役の医師や薬剤師として勤務している人も多く（勤務先の住所がつかみやすい）、捜査陣としては訪ねやすい存在であった軍医学校関係者の報告が多くなったと考えられる。

陸軍兵器行政本部関係者への捜査

兵器行政本部（通称「兵本」）とは、一九四二年一〇月に、陸軍省兵器局・陸軍兵器廠・陸軍技術本部を統合し、陸軍兵器学校もその傘下にいれた、陸軍の兵器に関する業務を一元化するために設置された機関である。陸軍造兵廠・陸軍兵器補給廠・第一～第九陸軍技術研究所（六研・九研も含まれる）

もそれぞれ兵器行政本部長に隷属することになった。

六研・九研の上部機関である兵器行政本部に関して特捜本部で初めて報告がなされたのは、七月六日のことであった。

〔峯岸・鈴木〕〔復員局有田哲也（兵器行政本部勤務）からの情報（7月6日）〕
（1）兵器行政本部　准尉　有田哲也（自分で思ふ／容疑者である）
に就いて機構別表で出す
同本部では／兵器の製図等をやっていた／火薬も若干やる／毒物研究も若干
十三年から有田は此処に（技術本部当時からいる）
行政本部内に　別に勤務班があり
之は事務でいて直接検査所へ行き修理等／を担当していた
六研[redacted]中に大久保勤務班／国分寺には国分寺勤務班／とあった
勤務班も焼入等に青、加里は多量使用／したと思はれる
若松町が本部だが有田は／大久保の三研の脇で仕事をしていた
戦災後六研赤線地帯で仕事をしていたので／薬の関係等（青酸、青加里）も知っている／青酸も
青加里も方々に放置してあった[40]

〔峯岸・鈴木〕組は、戦時中兵器行政本部に勤務していた復員局の有田哲也から兵器行政本部に勤務班というものがあり、焼入れなどに青酸カリを使用していて、「青酸も青加里も方々に放置してあった」との証言を得た。特捜本部としては、兵器行政本部勤務班はまったくノーマークの存在であったので、以後、〔峯岸・鈴木〕組にあたらせた。七月から八月にかけて〔峯岸・鈴木〕組を中心に勤務班にいた人物を洗ったが、捜査途中で軍関係の捜査は打ち切られた。

八六部隊と「中野実験隊」の浮上

八六部隊は、七月になって浮上してきた未知の部隊である。七月八日から三〇日までの短い間に一六本の報告があった。この部隊の存在が明らかになったのは、長らく九研の調査・捜査にあたってきた〔小林・小川〕組が、九研に派遣されていたという元憲兵准尉・中島重雄から「憲兵隊内実験班」という初耳の組織名を聞いたことによる。

〔小林・小川〕〔中島重雄30と今井嘉広29からの聴取（7月8日）〕
〔九研　憲兵准尉　中島重雄30〕
憲兵隊内実験班
1．化学内〔?〕に〔写真指紋細菌毒物伝達〕

2．無線　謀略放火があり
この研究のため二課へ派遣
実験班は／外地の憲兵隊で曹長／が二ケ年の教育を受けて外地へ復帰した
毒物　青加里　砒素　一ツは忘れた
中島の処で／憲兵准尉　今井嘉広29／がいて　同人にも聞いた
今井は高知憲兵隊から実験隊に派遣／され　其の儘《まま》居残り
満州八六部隊／（理化学部隊）／特殊任務／から　滝山一男〔三男〕中佐　60位／が来ていた
隊長となり終戦までいた
同人は　杉並区内に居住するが町名不明
青加里を使ったことを話した（動物）
（之は何に入れてもよい）人間の話をした
一、二分して症状が出る　嘔吐する
赤い死斑
◎満州八六部隊で実験したと／滝山中佐／に聞けば判る
〔実験班〕本部は鷺宮《さぎのみや》のキリスト教会を本部／にしていた
九研の名簿をかりて来た
中島と今井に写真を見せたら／第二課五班技少佐　中本一生40／が似ている(41)

中島は、「憲兵隊内実験班」から研究のために九研第二科に派遣されていた。そして、「実験班は外地の憲兵隊で曹長が二ケ年の教育を受けて外地へ復帰した」という。この「実験班」とは中野学校の実験隊とは別組織である。中島の所に居合わせた今井も「実験班」に派遣された人物で、満州の八六部隊から「実験隊」に派遣されていた滝山中佐から青酸カリの人体実験の話を聞いたという。さらに「憲兵隊内実験班」は、鷺宮のキリスト教会を本部にしていたという奇怪な情報までついてきた。この聴取で、「実験隊」と八六部隊という特捜本部としては未知の部隊が二つも出てきたのである。

〔小林・小川〕組は、翌七月九日、今井に再び話を聞きに行った。

〔小林・小川〕〔今井嘉広からの聴取：八六部隊＝個人謀略部隊（7月9日）〕

今井〔元憲兵准尉今井嘉広〕の言

中野の憲兵隊の実験隊にいた当時／満州八六部隊／満州事変直後の創設／個人テロである

コックに化けたり男でも女に変相〔変装〕したり／して乗り込む

八六部隊の滝山少佐に聞けば判る

石井部隊のは集団だが／八六は個人謀略で青酸加里を使ふ(42)

前日に中島が語った「憲兵隊内実験班」は今井によれば「中野の憲兵隊の実験隊」ということで、

ますます中野学校実験隊とまぎらわしくなったが、まぎらわしいのは当然で、「中野の憲兵隊の実験隊」は、中野にあった陸軍憲兵学校に置かれていて、中野学校と憲兵学校は、隣同士（ともに陸軍通信学校跡地）だったのである。それよりも重要なのは、八六部隊が「個人謀略で青酸加里を使ふ」という今井の言である。だが、この段階では、「中野の憲兵隊の実験隊」の内容は不明で、八六部隊も伝聞情報にすぎなかった。

八六部隊関係者への捜査の開始

それでも、特捜本部は、未知の二つの部隊に注目し、〔栗原・金房〕組に調査・捜査を命じた。この組は、七月一五日に八六部隊捜査に着手した旨を報告している。少し長いが見ていこう。

〔栗原・金房〕〔八六部隊に着手、今井嘉広・吉成道雄からの聴取（7月15日）〕
（1）八六部隊に手を付けた
中野実験隊で全部隊を教育
〔住所略〕（小林・小川で報告）／今井嘉広／同人は[redacted]ことは知らぬ
（2）八六部隊は　中佐　滝山一雄〔三男〕／に聞いたら判ると
◎今井の話では

本件犯人を外地の兵隊と断定出来る／引揚げの将校
第二薬はカムフラーゼに使ったと思ふ／個人謀略の手口に似ている
（2）滝山は／今井の言では阿佐ヶ谷駅付近／杉並区役所渉外係で／滝山三男／が名簿にある
（憲兵中佐とあるから之と思ふ）／其処へ行った／〔住所略〕
無職　滝山三男49
本日不在で未了／妻と色々はなした　八六の部下は沢山／訪ねて来るが／元部下で
飴屋横丁　吉成／が親しいとの事で当った〔住所・勤務先略〕
憲兵准尉　〇白　吉成道雄　45／同人に会ったが〇白／[redacted]見たいな顔で白
生え抜きで当時の関係書類を所持す
八六部隊／（新京特設憲兵本部）／が本当の名称
創設は十四年八月創設
当時隊長は　山村宗雄／（ソ連抑留）／次は　松永大佐／（巣鴨拘置所入所）
隊長の下に本部／副官室／警務課／第一分隊〜第六分隊／経理課
第五／第六分隊　が重要
　第一
　第二　無線による謀略（通信妨害）
　第三　指紋管理　採取　鑑識

第四　法医学防疫

第五　細菌戦術

第六　毒物謀略

八六部隊は対象は個人である（個人謀略）

吉成　十四年創立からいた

殆どソ連に抑留され[redacted]中に十四名逃走中四名位帰還／している情報は受取っている

八六隊から十八年頃／中野の実験隊に移った人間が現在内地に／復員している

隊長滝山／吉成／其他約八名位

部隊の年令から

軍属を入れて　一一三名／内四十才以上二十人位　他二十、三十才台

終戦直後の八六の編成はよく知らない

此の部隊は他の憲兵隊と人事の交流なし／独立したもの

同時の将校を洗ったが殆ど帰ってない／が二、三、内地に帰ってきているもの

（終戦前／内地に来ていた）経理／疋田中尉

〔勤務先略〕村上（猛）曹長　40位

吉成がいた当時

犯人に似たと思はれるもの一人あり／四国にいるらしい亀山少佐／C版に似ている

八六部隊の写真があるから探して知らせる
人体実験に就ては実験を目撃せぬ
毒物
保土ヶ谷商店　化学　其他
小西／へ青酸加里を仕入に内地へ来た
之を九研に持って行って製造を委託し／九研から八六部隊へ輸送して貰ふ
仕組みになっている
憲兵関係に聞いて来たので逐次報告／八六の記録も相当ある(43)

〔栗原・金房〕の聴取に対して、今井は、「本件犯人を外地の兵隊と断定出来る　引揚げの将校」「個人謀略の手口に似ている」と語った。また、八六部隊の滝山の部下であった吉成は、かなり詳しくこの部隊のことを捜査員に伝えた。八六部隊は、「新京特設憲兵本部」が正式部隊名であること、第五班（細菌戦術）・第六班（毒物謀略）が重要であること、八六部隊は対象は個人（個人謀略）であること、青酸カリなどの毒物は、九研に製造を委託し、九研から輸送されていたこと、などである。問題は、この部隊関係者がどれほど復員してきているか、所在がつかめるか、であった。

八六部隊のキーパソン滝山三男

翌七月一六日、〔栗原・金房〕組は、八六部隊のキーパーソン滝山三男を訪ねた。

〔栗原・金房〕〔滝山三男・村上猛雄34からの聴取（7月16日）〕

（1）八六部隊

警務課長　滝山三男

部隊編成は吉成のと大差なし

但し　五分隊／六分隊／の外に三、四の一部でも毒物の方をやった

ソ連兵の犬をオトナシクする薬を発明し／て使った

変装の方も研究

四分隊は主として防疫／発生原因究明

石井部隊と協力してやる／細菌を研究して謀略をやる／六分隊で実施することになっている

八六部隊の現在の消息は判らぬ／十七年に他の憲兵隊に転属したので判らぬ

青酸は／青酸加里／アトロピン／植物から抽出した　ものを／各人が持っていて化粧品の瓶等に入れて運搬／した

毒を呑ませる方法
ビール／菓子　に加工して実施した
使用する研究は人夫が配備中はやらぬ
八六部隊は／吉成／滝山／村上　三人が在京
終戦時の八六部隊は全部ソ連に抑留
八六部隊に付詳しく聞くなら／亀井真清〔真潔か〕少佐
十九年頃まで同部隊に在隊した／四国丸亀市に現住す
中野実験隊の方にも／八六部隊と同じ機構の／一～六分隊／まであり　教官級には年配者がいた
／鷺宮のキリスト教会にいた
（2）〔住所略〕元衛生准尉／○白　村上猛雄34
第一分隊通信の係／十七年に八六部隊から転属して南方へ行った／（村上以下十六名が昭南島へ
派遣され／て同地から復員）
その中で／一名が判っている（村上と共に南方へ）
憲兵中尉　妻鳥〔メンドリ〕温〔住所略　愛媛県〕
（3）直後ソ連抑留中一名ズラかって来た〔中略〕
（4）終戦三日前に内地に来ていた
曹長　斉藤一雄〔正雄か〕（…）／と思ふ（第二分隊）〔中略〕

隊では／私服で髪は全員延びていた
通信の方も毒物の事は余り詳しくは判らぬ(44)

滝山三男は、八六部隊の警務課長であった。吉成の証言に加え、「五分隊六分隊の外に三、四の一部でも毒物の方をやった」とし、「ソ連兵の犬をオトナシクする薬を発明して使った」と語っている。「犬をオトナシクする薬」は、九研第二科第二班（村上忠雄班長）が開発した「え号剤」（本書一八七頁）と同じようなものであると思われる。また、「石井部隊と協力してやる／細菌を研究して謀略をやる／六分隊で実施することになっている」と七三一部隊との連携も語っているが、これは、七三一部隊関係者の捜査の中からは出てこなかった事実である。

また、滝山は、「中野実験隊の方にも八六部隊と同じ機構の一～六分隊まであり　教官級には年配者がいた　鷺宮のキリスト教会にいた」と語っているのは重要である。前日に今井も「中野実験隊で全部隊を教育」と言っており、八六部隊と同じく「毒物謀略」を担当する分隊があるとすれば、そこから容疑者が出る可能性がある。

八六部隊と中野実験隊からの復員者の追跡

滝山も有力人物を名指ししているが、彼に続いて供述した村上も、八六部隊から一旦は別部隊に転属して、そこから復員している人物がいる可能性を語っている。この報告を受けて、特捜本部の関心は俄然、八六部隊と中野実験隊からの復員者に向けられることになった。

〔栗原・金房〕〔八六部隊関係帰国者の調査（7月17日）〕
〔八六部隊が配属されていた新京憲兵司令部副官　竹本実37〕
一一三名位軍属を入れて／直前には四百名内外／八割は電気通信／二割が理化学
八六部隊から内地帰還者
〔一九四五年〕八月四日／八六及憲兵司令部の家族を疎開さすべく／八六から准尉以下三名が家族を連れて帰って／いる
三名の内　一名は／准尉　斉藤正雄〔一雄か〕41〔住所略〕
（2）新京憲兵司令部／大尉　石井三男41〔住所略〕
八六へ語学の教官として派遣された（満語）／十七年に他に転属して
毒物に依る人体実験は見ないが絶へずやって／いて適量の研究をしていたらしい
満鉄の社員として／部下十三名と共に帰へった
八六でも此の方法で帰へったものがあるのでな／いか(45)

八六部隊員の多くはソ連に抑留されていることは吉成の証言でも明らかであるので、問題は、それを逃れた者がどれほどいたのかということである。また、満鉄社員（民間人）を装って帰国した者もいるようであった。

〔栗原・金房〕〔八六部隊　中村官憲29からの聴取（7月21日）〕
〔元憲兵軍曹　◯白　中村官憲29〕
十七年十一月に八六に転属／第一分隊電気通信の係
五、六分隊の事はよく知らぬが
満人の◯共分子を実験と称して毒殺した／事を聞いている　[redacted]者も殺した
八六の編成
十八年七月になって八六部隊から／五、六分隊を除外して／当時の新京憲兵司令部第四班／として独立して仕舞った
その后は／一中隊から四中隊までにして四百名内外
無線の専門となり／関東軍憲兵無線電信隊と名称が付いた
八六部隊から第四班に入ったもの二、三あるが／何れも若い
八六部隊と憲兵司令部
通信／に集結を命ぜられた　奉天に行き武装解除
中尉以下二十名は新京に止まっていた

終戦になったので新京の日本人引揚者の中／に潜入し／一昨年一般引揚者として復員
中尉と一緒に来たのは／伍長　丸山正敏　20才台／北村某　20才台
他の者の消息は判らぬ
終戦当時
八六部隊の　通信の係　犬塚俊郎　当時38・9／がいた（現地召集）
八六で年取ったのは同人位／終戦後新京で　薬屋の外商　露店も／やっていた／当時白毛もあった　八六では同人一人か
写真はピンと来ぬ／九州福岡へ上陸している筈
出身地其他の裏は出した
（2）八六から／司令部の四班に行った／杉山准尉　40才過ぎ〔中略〕
犯人と思われる年令は右二名位／他はおおくて三十八、九才
八六部隊はム線だけとなり年も若いので本件／犯人としては薄いかと云ふ(46)

中村の証言によれば、八六部隊は、「理化学部隊」としての第五・第六分隊を除き、新京憲兵司令部第四班（関東軍憲兵無線電信隊）となったという。と、すると第五・第六分隊はどうなったのか。この点を明らかにするべく、〔栗原・金房〕組は、七月二三日に、新京憲兵司令部にいた竹本実から聴取した。

〔栗原・金房〕〔八六部隊　竹本実からの聴取（7月23日）〕
八六部隊／理化学班が憲兵司令部へ移った
先日報告／〔住所略〕
元司令部／大尉　竹本実
其の関係を聞いた
司令部には／一課～三課まで
　一課は　動員　軍の編成
　二課　防諜及思想取締
　三課　軍事警察及一般警察事ム
竹本曰く
十八年初めに司令部から／ドロン〔多倫〕へ行っていて／終戦／直前に司令部に帰へった
二課で[redacted]ら化学の研究をしたが／実験の事は聞いていない
二課へ八六の[redacted]は所属してか[redacted]／直前の事は判らぬ
司令部の中の憲兵では似寄りなし(47)

この証言だけでは、八六部隊の理化学分隊は、新京憲兵司令部の第二課に編入されたようだが、はっきりしたことはよくわからない。そこで、翌日、〔栗原・金房〕組は、八六部隊で電波関係の仕事をしていた元憲兵曹長・柿沼義雄から聴取したが、「五、六分隊では無いかと思はれる其の分隊の事については当時／少佐であった亀井真潔〔真清か〕が良く知っている事と思ふ　本人は現在四国の高松に居る筈　其他報告する様な材料は同人からは入手出来なかった[48]」という結果に終わった。ここでも八六部隊の隊員は全体に若く、帝銀事件の犯人像と合致する者はいないという壁につきあたった。

中野実験隊の東京憲兵隊特設本部への再編

〔栗原・金房〕組は、あらためて吉成を訪問して、容疑者洗い出しのために八六部隊の関係者の範囲を広げようとした。

〔栗原・金房〕〔吉成道雄からの再聴取（7月29日）〕

吉成准尉を訪問

八六には外部から／嘱として医者が教官に来た

理化学教官4人位いた医、理博

◎満州大陸化学院（半官半民）助手其他／農博丸山捨吉／医博光村某

名古屋医大　小宮博士／奉天医大　泉医博（死亡）／新京医大　医博　橋本多計士

基礎化学を教えに来ていた
年配者で犯人に似寄りは兵隊より博士／がよいと
吉成も八六は年令若いと／十教官が年寄りである
十七年から中野憲兵学校実験隊／の状況
十九年までは校内に実験隊があった
十八年十二月頃独立し／鷺宮キリスト教会に本部を
東京憲兵隊特設本部と称し
隊長　滝本中佐／その下に三ヶ班
　庶務班長　吉成准尉
　器材班長　川口中尉
　研究班長　川口中尉
何れも八六から転属
下士官の憲兵を集め教育し再／び原隊へ帰へした
　一区隊　電気関係の教育
　一区隊　化学及鑑識
生徒は三十才以下（現在三十四五才位）
実験隊の事は／八六から来た　曹長　間々田愛三郎／に聞けば判ると／〔住所略〕に行ったが此

処へ現住せず
本日は会へない
同人は／池袋駅前　山田物産／の支配人をしていると云ふ
（2）亀山を訪問したが不在
八六は目下手詰りの形(49)

「中野実験隊」とされていたのは、「中野憲兵学校実験隊」であった。しかし、官制上は「中野憲兵学校」という学校は存在しないので、陸軍憲兵学校実験隊ということになるのであろう。そして、この「実験隊」が「十八年十二月頃独立し／鷺宮キリスト教会に本部を」おく東京憲兵隊特設本部となったという。その隊長こそ滝本中佐その人であり、その下の庶務班長が吉成准尉であった。滝本も吉成も、事情聴取に協力的であるように見えたが、あきらかに事実を小出しにしている。ただ、「実験隊」が「特設本部」に再編されても、「下士官の憲兵を集め教育し再び原隊へ帰へした」という機能には変化はなかったようである。吉成から新しい事実は出たが、肝心の「人」が出なかった。〔栗原・金房〕組は、「八六は目下手詰りの形」とせざるをえなかった。

それでも、〔栗原・金房〕組はさらに滝山を訪ねて、八六部隊・特設憲兵隊捜査の突破口を見つけようとした。

〔栗原・金房〕〔滝山三男からの再聴取：実験隊・特設憲兵隊について（7月30日）〕
実験隊の滝山三男につき調査するに
昭一七、二……八六より分離
一九、七頃……鷺宮特設憲兵隊／隊員全部で四〇〇名（九ケ分隊）
鷺宮には……本部及一分隊
二分隊は……大森の寮
三分隊（化学）…ウルグアイの公使館跡三月焼失後／田園調布へ
四分隊……福岡　〔四～九は〕何れも電波探知機関係
五分隊……樺太
六分隊……京城
七分隊……龍山（朝鮮）
八分隊……台北
九分隊……芦屋（大阪《ママ》）
三分隊の構成　人員一六　内技手二、三名
　分担内容／1．写真関係／2．秘密文書／3．毒薬類の検知及鑑定
　分隊長　中尉　湊義雄　38位
同人（滝山）よりの情報

◎八六部隊当時関東軍二課（憲兵の監督）の添書を持って薬学博士／の名刺を出し、八六で重大
犯人があったなら薬の実験をしたいから貸／して呉れと申出で《ママ》た者があった　其処で電話で病院
等問合せたが／該当人物が見当らぬので拒絶した事がある　私くしは直接タッチ／した訳で無い
から其の人物のことは良く判らぬが／亀井少佐か斉藤正雄准尉に聴けば判ると思ふ
又　横浜軍事裁判弁護人　大越元大佐も知って居る筈
〔住所・勤務先略〕
元憲兵伍長　間々田愛三郎
同人は昭一七、一二……憲兵学校其後実験隊の教習生／（人員三〇電気関係）
教習生は全部憲兵の下士官であった
二区隊（化学）……三七名で毒物の混入方法や呑ませ方であって
元八王子刑務所の薬剤師／堀内　某　50位／が憲兵学校の恒吉中佐に招聘《しょうへい》され其の方の教官で
あり
青酸加里の分析混入呑ませ方法　等を教へた人で
現在立川辺りに住んで居ると思ふ
元憲兵伍長　陰山正雄　37・8才　がC版の写真に似て／居る（特に目付の点）が其の住所は判
らない[50]

滝山からは部隊に関する新しい情報は出たが、容疑者情報は出なかった。だが、実験隊の教習生だった元憲兵伍長・間々田愛三郎からの聴取では、「青酸加里の分析混入呑ませ方法　等を教へた人」「堀内某」が具体的に出され、別に似寄りの人物も出された。手がかりを失いかけていた特捜本部も容疑者情報が出始めたことで、特設隊に突破口を見いだそうとしていた。八月に入ってからの報告数は、軍医学校の一一本、獣医学校の一〇本をしのいで実験隊・特設憲兵隊関係が一六本で最も多かったことからもそれがわかる。

〔栗原・金房〕〔那須直司31からの聴取：中野実験隊＝特設隊の情報（8月2日）〕

特設隊（元の実験隊）
〔住所略〕／元憲兵伍長／〇白　那須直司　31
十八年頃から特設隊に入っていた／庶務班にいた
人相違ふ　白毛なし　色黒髪長　〇白
同人から聞くと／先日報告の通り
第三分隊　が化学をやっていた
第三分隊内には
庶ム班／写真班／郵諾班（郵便物の検査）／指紋班／繊維班／一般化学班
の六ヶ班　各班で夫々《それぞれ》使用するのは／六十種以上

化学班には／伝染病を研究していて／若干の者は伝研に出入りしていた
九研に出入りしている兵隊もいた／詳細は取れない／写真に似寄りなし
第三分隊で主として薬品を仕入れ又イジッていた
◎元軍曹　沼田某／仙台市内に現住している
九研に常に出入り／下高井戸駅附近（材木屋の事務員）
中島重雄　年稍々《やや》若い／在隊時から素行悪く詐欺等をやった
特設隊の写真は／当時の女給仕が赤坂にいるから入手出／来るか／小松照代
兵隊の事を知っている
薬品関係では／元憲兵曹長　沼田某／鑑識課に入っているのではないか
他に在京の者を出している〔中略〕
〔憲兵伍長　今田十郎　30位　三分隊の薬品〕
（那須の言）
特設隊は実験はしない教育機関であった(51)

那須からも人名はそれなりに出たが、「特設隊は実験はしない教育機関であった」ということであれば、教官は別として生徒から容疑者が出る可能性はやや低くなったといえる。教官として最も有力なのは、はやり堀内某であった。

〔栗原・金房〕〔西岡洋一からの聴取：中野実験隊＝特設隊の情報（8月3日）〕

（1）特設隊関係

〔住所略〕元特設隊技手（一部[redacted]）

○白　西岡洋一41

十三年に技手として憲兵学校へ／後に実験隊へ更に特設隊へ入る／（鷺の宮特設隊本部）

白毛なし色黒五尺二寸位

堀内某を聞くべく

同人を知っている恒吉中佐を聞くため行った

同中佐は〔住所・職業略〕／恒吉淑智42・3

同中佐は憲兵学校の／化学要務の教官をしていて／堀内を実験隊に世話した人物である

堀内は似寄写真に似てないが評判／はよくなかった

八王子小形の薬剤師／をしていたのを恒吉が拾った

終戦直後　鑑識課に入る話をしていたと云ふ

（2）八六の実験隊の第六分隊長／から実験隊に来た憲兵中尉〔住所略〕

元憲兵中尉　松木香[redacted]40代

化学関係は明るいらしい

◎器材は九研の方へ頼んで入れていた／九研とは深い関係があり
化学関係を聞いたが西岡は詳細判らぬ／手配写真を見せたが似寄りなし
当時特設隊
自動車団〔住所略〕／特設隊　運　関準次　32・3〔未了〕(52)

書き方が分かりにくいが、この日、〔栗原・金房〕組は、堀内を知る恒吉のことを調べるために、西岡を訪ねたのである。一見すると恒吉を聴取したように思える書き方だが、この段階では、まだ、恒吉にも会えていない。それは、恒吉の年齢を四二・三歳としていることからも分かる。帝銀事件の捜査の場合、とりわけ年齢が重要であるので、刑事は、直接会った人物の年齢は常にメモしている。四二・三歳というのは西岡が恒吉は「四二歳か四三歳くらいでしょう」と言ったのを記したからであろう。〔栗原・金房〕組が実際に恒吉に会うのは、二日後のことである。

〔栗原・金房〕〔特設隊教官・恒吉淑智からの聴取（8月5日）〕
実験隊の堀内を聞くべく
恒吉淑智40〔住所等略〕
十六年—十八年憲兵学校／化学（鑑識）／の教官
十九年十二月までビルマへ行き其の後内地へ／堀ノ内の住所は判らぬ〔中略〕

恒吉曰く
中野学校／憲兵学校　教官には似寄りないと云ふ
中野学校で外地へ行った特務機関／主として支那へ行ったのは調査を要する
と云ふ
支那■政治工作をやったからだろう〔中略〕
第三分隊長／憲兵曹長　○白　中山辰夫33
十九年の開設当時から／青山高樹町の第三分隊にいた
写真を主としてやった（化学分隊中）
中隊長　■利雄／中尉／に化学関係を聞いた　毒薬の方は一般の事／を聞いた
青酸加里／砒素　等の致死量を教わった
助教　准尉　島村勝夫／がいた人相　赤ら顔肥大　本人は○白
〔小西曹長32シロ〕
◎技手　小山勝治[53]

堀内のことを聞くべく、恒吉に会ったが、「中野学校　憲兵学校教官には似寄りない」という答えだった。「中野学校で外地へ行った特務機関　主として支那へ行ったのは調査を要する」という彼の言は、捜査を振り出しに戻すものであった。

〔須藤・栗原〕〔実験隊教官　松本某からの聴取（8月7日）〕

元憲兵中尉　松本香[redacted]42

化学教官／第二区隊隊長／其後特設隊となった部[redacted]

白毛かくて色黒　○白

結果に於て良い情報なし　実験隊で教育し／たのは

写真技術

薬物（無機の方向）

下士官を教へた内容は毒物では

青酸加里　ストリキユーネの致死量／を教えた　0・04g以上を呑ませればよい

堀内の話が出て　松本よりも毒物に詳しい

堀内は／眉毛間の中央にコブがあるため　○白

ニキビの跡ありゴツイ顔

謀略を防ぐ立場から教育した

写真には思ひ当るものなし

終戦後／毒物の処理は内務省に移管した[54]

〔栗原・金房〕組は、実験隊教官であった松本から聴取したが、「堀内は／眉毛間の中央にコブがある」「ニキビの跡ありゴツイ顔」という情報をえて、一応、堀内をシロとした。だが、直面して確かめるというのが原則であるので、堀内の所在を確かめて、八月一七日に訪れた。

〔栗原・金房〕〔憲兵学校実験隊教官・堀内定男からの聴取（8月17日）〕

〔元憲兵学校実験隊　理化学教官〕

直面　㊀　堀内定男

昭薬を卒業甲府刑務所薬剤師

十六年六月　憲兵学校研究所

其後実験隊が出来て其の教官／（下士官　兵の教育に当った）

憲兵学校実験隊のもので似寄りなし

青加里の事を聞いて見た

呑ますと　一時間　一日たって殺すのは／理論的に出来るが　実際に出来ない

三分以内の事は出来る／0・5gは三分以内　それ以上大量は一分以内に／死ぬだろう

致死と死なない間隔が狭いため／一日位で死なせる方法はないかと／外地の憲兵〔に〕聞かれた

／中和剤も現在の処ないだろう

誤って呑んだ場合は早く吐き出させる／指を口中に入れて

○本件犯人は医薬に経験深い
空腹時が一番効果がある
青酸と同じ死に方
「ロートエキス」十倍くらいの量で即死的
アトロピンは希薄したものである
水にとかすと　醤油を薄めたやうな色
眼医者が瞳孔を開くのに使ふ
ロートエキスを水に薄めると醤油を薄めた／ような色になる
之を呑んだ場合／目がかすんで来る／非常に渇を覚える（水がホシイ）／イガラッポイ味でカツ
〔渇？〕を覚える
本人多少持っていた
憲兵に教育したのは　攻撃でなく毒殺を防／ぐのを主として教育
第一薬第二薬の毒物呑ませ方を教えた／事はない
犯人は薬剤の技術を持っているものではないか
軍の関係
軍医部の中に
磨工長《まこうちょう》／がいる　之は軍の衛生材料廠で一定の教育／を受けて　各軍病院に配属される

此の兵隊は病院に行き／医薬品を作る
「メッキ」関係をやるので青加里は常に所持／していた
故に磨工長関係を洗ったら如何
軍医部内の／薬剤将校を／洗って見たら
終戦時憲兵学校にあった医薬品
亀井中佐／が主として処分　中野病院に主として／譲渡した
試薬は大蔵省を通じ内務省鑑識課へ／移譲した(55)

捜査員は堀内定男に直面してシロと結論づけた。だが、〔栗原・金房〕組は、転んでもただでは起きずに、青酸カリについて質問した。堀内は、青酸カリで「一時間　一日たって殺すのは理論的に出来るが実際に出来ない」と答えている。石井四郎をはじめ、青酸カリでどのようにでも遅く殺すことができると説明する専門家が多いなかで、堀内は調整（遅く）できる時間として三分をあげた。帝銀事件では、もうすこしかかっているので、青酸カリでそのような調整ができるのかどうかは、実に微妙なところと言うべきだろう。ただ、堀内は、「本件犯人は医薬に経験深い」「犯人は薬剤の技術を持っているものではないか」と犯人のことを評している。そして、堀内は、軍医部の中で「軍の衛生材料廠で一定の教育を受けて各軍病院に配属される」磨工長を洗ったらどうかと捜査側にアドバイスした。だが、捜査陣が磨工長に踏み込むことはできなかった。

堀内の聴取から四日後の八月二一日、名刺班が小樽で画家・平沢貞通を逮捕し、特捜本部の刑事たちもガサ入れと裏付け捜査にかり出され、それ以降、軍関係捜査はまったくできなくなったからである。

第五章　捜査の終結：捜査の二つの壁

1　第一の壁：GHQと旧軍人の介入

極秘捜査の背景

本書で分析の対象としたのは、特捜本部における捜査報告の内容を綴った『甲斐捜査手記』である。第一章で述べたように、この手記には、捜査一課の成智英雄を班長とする軍関係の捜査をおこなう「秘密捜査班」と平沢貞通を逮捕するに至った捜査一課の別働隊ともいうべき居木井為五郎を班長とする「名刺捜査班」については記述されていない。ただ、厳密に言えば、成智班の動向について『甲斐捜査手記』には七回にわたって、特捜本部が捜査対象としている人物をすでに成智班が取り調べている、あるいはシロとしているといった記述がある。また、居木井班についても、六月一九日に〔居木井・福士〕〔平塚・飯田〕〔富塚・針谷〕の三組のペアの「松井名刺」の件での東北北海道方面の出張報告を詳しく記録していて、居木井たちが平沢貞通について詳細に調べ上げていることがわかる。

名刺班のことはここではふれないが、そもそも成智班はどのように結成されたのか、もう一度ふれておこう。帝銀事件が起きて六日後、二月一日に捜査二課の成智英雄は、藤田刑事部長に呼ばれ、「戦時中、大陸で生きた人間を、細菌や毒物の実験材料にしていた秘密部隊があった」ことを告げ、

米軍はその事実を知っていて、元隊員を戦犯にしないという条件と交換に、彼らに詳細なデータを書かせている。ソ連軍は、関係者の身柄引渡しを強く要求しているらしい。もし、元隊員が犯人として浮かび上がり、秘密部隊の事実がわかると、恐るべき影響がおこる。従ってこの捜査は極秘を要するので、君はこの一線に捜査を結集し、一切の捜査報告は極秘として、直接、私に知らせて貰いたい(1)

と語ったとされている。刑事部長は、この事件は、①「秘密部隊」の人員とデータをめぐる米ソの激しい対立という国際問題と、②「秘密部隊」の事実が露見することでの日本社会の混乱という国内問題（BC級戦犯裁判において捕虜虐待の廉《かど》で日本人が死刑に処せられている一方で、捕虜を虐殺した人びとが免責されるというダブルスタンダードがまかり通ることで占領政策が動揺する）をみすえて捜査を進めなければならないと考えていたということだ。これは、米側に与《くみ》して、「秘密部隊」の存在を隠蔽し、たとえ犯人が「秘密部隊」の元隊員であったとしても、可能な限り、それが露見しないように、旧軍の組織的人体実験・残虐行為と切り離した形で犯人を処理していこうということである。

秘密厳守と戦犯免責の取り引き

だが、本書で詳しく見てきたように、特捜本部の刑事たちは、成智班の「妨害」にもかかわらず、日本軍の秘密戦機関・部隊のほぼ全貌を明らかにしてしまったのである。

重要なことは、帝銀事件の捜査は、不幸なことに二つの壁のために正常に進まなかったということだ。まず第一の壁は、GHQと旧軍関係者による壁である。帝銀事件の捜査が進行していた一九四八年一月から八月の同じ時期に、同時並行で、GHQと旧軍関係者による旧軍の秘密（結果的に犯人も）を隠蔽しようとする、「秘密部隊」の隊員たちに対する口止め工作がおこなわれたということだ。

米国の三省調整委員会極東小委員会は、帝銀事件の前年にあたる一九四七年八月には、生物戦データの価値は戦犯訴追より重要であるとの勧告を決定していたが、(2) この決定にもとづく戦犯免責の対象を石井四郎ら七三一部隊の主要幹部だけから、末端の隊員へ、七三一部隊から他の生物戦・化学戦・謀略戦機関・部隊へと拡大したものと考えられる。それは、『甲斐捜査手記』からもわかる。たとえば、七月二四日、七三一部隊の背陰河での人体実験に「立会った」とされる山本敏〈人体実験当時、ハルビン特務機関員〉は、〈須田・向田〉組に次のように語っている。

〈須藤・向田〉〈中野学校長　山本敏50からの聴取（7月24日）〉

マルタ関係を聴くに

精油工場の様な場所で一回立会った事を記憶している　それは／特務機関と憲兵が連絡の上、七三一で実行した　対象は密／偵の白系露人一〇名程であった　私くしは単に立会った丈であったので毒物関係の事は詳細判らぬが一分以内に死ぬ即効／薬であると云ふ事を耳にした　方法は白ブドー酒の中に混入／して一人一人を部屋に入れて行った　私くしの外に／特務機関員　小野田寛49／と外に憲兵二人も立会った

〈中略〉

当時ハルピン《ママ》の特務機関は全部で一〇〇名位居ったが／表面に出ている人は全部抑留されて居る私しもＧＨＱに再三呼出しを受けて調べられたが目下／戦犯にはならぬ模様と聴いている(3)

山本は、ＧＨＱから「目下戦犯にはならぬ模様と聴いている」としている。山本が関与したのは、石井部隊による人体実験をかねたスパイの謀殺であるが、七三一部隊がらみのことは免責されることになったということを示している。

同じ頃（七月二六日）、七三一部隊員であった早川清も〔留目・金沢〕組に次のように語っている。ここでの早川の発言はきわめて重要である。

〔留目・金沢〕〔七三一部隊員　早川清からの聴取（7月26日）〕

前報の元軍医大佐　早川清／〔勤務先　住所略〕

七三一在隊時はパラチフスＢの研究と製造等に専従し／助手として山内祐次郎／吉井作郎／遠藤／萩原の四人を使い／部下としては一〇〇〜二〇〇程度居った

南方では課長であって部下に五〇〇程度居った

其の中には該当人物は見出せぬ由

復員後松井博士が私くしの留守中菅原敏等の就職／依頼の件で名刺を置いて行った由であるが其の名刺は見当らない

予研当時には　宮入、芦原、重松が助手で其の他に／女が三人居った

生体解剖に就て

帝銀事件が発生した頃は未だ進んでいなかったけれ共　最近に至ってＧＨＱの吉橋と云ふ二世を

通じて私達の身柄を／保障して呉れると米軍では申し　若し米ソ戦争が開始された／際には身柄は早速米本国へ移す事になっていると聴いている。／細菌戦術の優れた点も幾分認めて居るらしい。
生体解剖は前記四人〔山内祐次郎・吉井作郎・遠藤・萩原〕の助手とやつた事もある　それは総て特／務機関から依頼を受けたものであった
私達は前申した様にパラチフスの研究専門であって青酸加／里の研究はして居らぬ……と云ふ
当時使用した薬物、（採血）方法・人員等につき聴くに
GHQで調査された際　関係者同志本件については絶対口外／せぬ様誓約したのであるから勘弁して呉れとの事で語らなかった
生体解剖の件も戦犯にならぬ事が最近判ったので申した次第で／すと附言す（GHQでは本件に関しては秘密を厳守するがお前達の方から墓穴を掘る様な事の／無様　警察官の中にも共産党ありて警察官にも口外せざるとの事である　何万かの部下／を保護する為にも）(4)
早川清は、前半の「生体解剖に就て」というところで、「帝銀事件が発生した頃は未だ進んでいなかったけれ共　最近に至ってGHQの吉橋と云ふ二世を通じて私達の身柄を保障して呉れると米軍では申し」とはっきり言っている。前述（本書四四頁と二七六頁）したように、二月一日の時点で、藤田刑事部長は、「秘密部隊」に対する免責のことを述べているが、早川の言によれば、免責措置の拡

大が、ちょうど帝銀事件の捜査が進行するなかで、おこなわれたということである。そして、最後のところで「ＧＨＱで調査された際　関係者同志本件については絶対口外せぬ様誓約したのであるから勘弁して呉れ」と捜査員に懇願している。それでも早川が部分的に話したのは、「生体解剖の件も戦犯にならぬ事が最近判ったので申した次第です」と述べている。なぜ「絶対口外せぬ」のか、と言えば、「ＧＨＱでは本件に関しては秘密を厳守するが　お前達の方から墓穴を掘る様な事の無様」と言われたからである。「墓穴を掘る」なとは「警察官の中にも共産党あり」ということで、捜査員にも話さないと誓約したのである。それが、「何万かの部下を保護する為」になるというのである。こうした誓約を早川だけがしたとは思えない。早川と同レベルの関係者にＧＨＱが接触して、戦犯免責（身柄の保障）とひきかえに「警察官にも口外せざる」ようにと誓わせたのである。これは、身柄保障と秘密保持の取り引きであったと言える。おそらく、この取り引きは、七三一部隊関係者だけでなく、七三一部隊の秘密を知る、山本のような特務機関関係者、そして九研＝登戸研究所関係者にも広げられたものと思われる。

　九研第二科のキーパーソンであった伴繁雄は、戦後、回想録を残しているが、その草稿において次のように記している。

〔登戸研究所とＧＰＳＯの接触の第一歩は〕昭和二三（一九四八）年春、登戸研究所第三科長山本憲蔵が、対支経済謀略としての偽札工作の責任者として、ＧＨＱ・Ｇ－２に召喚され、長期間の取り調べを受けたことに始まる。

伴もこれと前後して〔昭和〕二三年四月にC－C（対敵諜報部《ちょうほう》）の呼び出しに応じ、郵船ビルを占拠していたGHQ・G－2に出頭し、秘密戦の全貌について詳細な取り調べを受けた〔中略〕。G－2はCIS（民間諜報部）と協力して登戸研究所の全容を把握し、山本のいうところのいわゆる〝ギブ・アンド・テイク〟の相互関係による交渉の結果、米軍に偽造に関する過去の経緯・技術と成果を体験的に説明したため、最初の出頭の段階で、米側の協力の求めに応じたのであろう。

昭和二三年春、山本大佐はGHQ・G－2に召喚されたが、予想に反し、すこぶる紳士的な態度で接せられ米国にとって偽造工作という新しい「技術とノウハウ」の提供を求められた(5)。

伴繁雄は、九研第三科長だった山本憲蔵（偽札製造の責任者）にさそわれて、朝鮮戦争期から米軍横須賀基地内のGPSOという機関で、ソ連の偽パスポートなどを作成するという仕事をおこなうのであるが、そのきっかけは、一九四八年春の〝ギブ・アンド・テイク〟であったというのだ。この〝ギブ・アンド・テイク〟こそ、身柄保障（官憲にも真実を語らない）と戦犯免責との取り引きだったのではないだろうか。

実は、この伴繁雄の回想では、米側の伴への接触が「二三年四月」とされている。第四章で検証したように、帝銀事件の捜査員〔小林・小川〕組は、四月二一日に長野に出張し、二六日に伴から聞いた青酸ニトリールの情報を特捜本部で報告している（本書一九一〜一九六頁）。つまり、回想が正しいとすると、同じ時期に、伴は一方で、警察に人体実験をともなう「青酸ニトリール」の話をし、他方で米軍の〝ギブ・アンド・テイク〟に応じたということになる。しかし、〝ギブ・アンド・テイク〟に応じたということは、旧軍の秘密については警察に対しても口外しない、ということである。と、すると伴は米軍との「誓約」に反することを日本の捜査当局に話してしまったことになる。この矛盾を解決する方法として、伴がとらざるを得なかったのが証言の変更である。

平沢貞通が逮捕された一六日後の九月六日、伴繁雄は土方博との連名の「帝銀毒殺事件の技術的の検討及び所見書」を特捜本部に提出した。その中で伴は、「使用毒物は純度の比較的悪い工業用青酸加里で入手の比較的容易な一般市販の工業用青酸加里であると断定」するとしたのである。伴は、四月から九月の間に実際の毒物を分析・鑑定したわけではないので、捜査初期における「青酸ニトリール」説から「青酸加里」説に転換したということである。この転換を、最初のニトリール説を捜査員の「誤解」だったとみなすのか、〝ギブ・アンド・テイク〟に応じたことによるニトリール説の抹消（旧軍の秘密の保全）とみなすのか、私は後者をとりたい。なお、伴繁雄は、一九四九年一二月一九日に帝銀事件の東京地裁法廷証言に立ち、先の「帝銀毒殺事件の技術的の検討及び所見書」と同様の結論を述べている。

有末精三による影響力の行使

ここでもう一つ重要なのは、七三一部隊や九研などの「秘密部隊」の関係者とGHQとの取り引きの裏側には、旧軍関係者の暗躍があったということである。八月三日、須藤刑事は旧軍関係者の有力者である服部卓四郎と有末精三から聴取した。

〔須藤〕〔服部卓四郎・有末精三からの聴取（8月3日）〕 傍線は原文
元参本作戦課長／元大佐　服部托〔卓〕四郎　46・7／現在資料整理部長をしている
石井部隊／防給関係なら
◎服部の言・石井部隊／・一六四四／・南方防給部／・九研／の三ツ〔？〕が関係ありと思ふ／当局の見方と同じ
石井部隊は関東軍直属／陸軍省の配下で参本に連絡はあった／が命令は出さぬ
石井部隊はGHQの関係あったが／之を念頭に置いてやるのが一番
九研関係の話しもした／大体の事が判ったと話したら
兵器行政本部／があり幹部三人の名前をよこした／別紙三人
（2）話最中に／有末中将／が来た　同人は〔住所略〕／参本作戦第二部長／有末精三　52・3

ＧＨＱの嘱託でなく復員局の嘱託であった
日本クラブにいて／復員局の出店があり／此処に連絡がある　取次をやっていた
同人とも話して見た
過去の新聞から見ると／軍の関係では防給がよいではないか／と言う
特務機関も連絡はあるが軍に配属／がある
支那に十九年春から特務機関は廃止した／ので其後はない／最後にやっていたのは抑留されているだろう／機関長から入っていくより他ない
（３）化学戦部隊と云ふと／習校〔習志野学校〕である／服部有末は帝銀には関係ないだろう／と云ふ
やり方が個人的でなく、部隊行動である／からである
有末は軍の秘密を聞くのはＧＨＱの関係で無理であろう／之を聞かずに似寄り写真等から行ったが／よかろう[6]

参謀本部作戦課長であった服部卓四郎大佐は、当時、ＧＨＱのＧⅡのウイロビーの庇護のもとに厚生省資料整理部長として旧日本軍の対ソ戦情報を米軍に提供するとともに、日本軍再建のための計画作成にあたっていた。服部は、「石井部隊はＧＨＱの関係あったが之を念頭に置いてやるのが一番」と七三一部隊にふみこむならば、ＧＨＱのことを考慮せよと牽制《けんせい》している。

そこに参謀本部第二部長、すなわち日本の秘密戦の総元締であった有末精三中将がやってくる。有末は、連合軍の日本進駐の際には、対連合軍陸軍連絡委員長としてマッカーサーを厚木で出迎えた人物で、当時は、駐留米軍顧問であった。四月二七日に元七三一部隊員の八木沢行正は、〔留目・金沢〕から聴取されているが、その際、八木沢は、

軍の事をやっているようだがそれには／GHQの会合があった
ソ聯に聞えたら悪いが帝劇裏／日本クラブの二階
有坂機関（参謀本部の中将）〔有末精三〕
之がGHQの命令により動いていて／人を集めるものである(7)

と語っている。有末精三が「GHQの命令により動いていて人を集める」とは、有末がGHQの要求を、旧軍関係者を集めて伝えている、ということである。日本の秘密戦の総元締だった有末が、GHQの威を借りて、旧軍関係者に影響力を行使していたということである。有末精三は、須藤刑事に対しても、「軍の秘密を聞くのはGHQの関係で無理であろう　之を聞かずに似寄り写真等から行ったがよかろう」と、GHQの意向をちらつかせて、「軍の秘密」を聞いて回るのは止めた方がよい、と圧力をかけたのである。有末が、七三一部隊や九研の関係者にも、「軍の秘密」を語らないように影響力を行使したことは想像に難くない。

旧軍関係者には「軍の秘密」を語るな、とGHQのみならず、旧軍の大物・有末からも圧力がかかったのである。旧軍関係者の協力なくしては、容疑者を洗い出すことができない帝銀事件の軍関係の捜査は、行き詰まらざるを得なかったといえる。

2　第二の壁：通常捜査の盲点「変装」

帝銀事件の捜査を正常に進ませなかった第二の壁は、「変装」である。

帝銀事件は、きわめて物証が少ない事件であったが、二つの未遂事件を含めれば、「犯人」の目撃者はそれなりに存在した。そのため、モンタージュ写真が作られ、年齢五〇歳前後、身長と人相（とりわけ特徴的なのは、白毛まじりの短髪）を重視した捜査がおこなわれた。とりわけ、年齢と白毛まじり（胡麻塩）は、容疑者を洗い出す際の第一のフィルターであった。軍機関・部隊の「怪しげ」な人物の大部分は、年齢が若すぎるとして落とされた。年齢が合致しても、黒髪・白髪・長髪・禿頭は除外された。帝銀事件と二つの未遂事件の際、いずれも犯人は無帽であったので、頭髪の特徴は顕著なものであった。

通常の犯罪捜査の場合、犯人は顔を隠す、眼鏡をかけるといった誰にでもできる変装をほどこすことはありうるが（実際に帝銀事件犯人も小切手の換金の際には、眼鏡などで顔を隠している）、髪の色や長さを変える（カツラをかぶる）、顔色を変える（化粧をする）といった本格的な変装はかえって不自然なものとなり、犯行自体の遂行を妨げる。

しかしながら、帝銀事件の真犯人が、プロフェッショナルな変装術を心得た人物であったとすれば、捜査の基本が根本的に崩れてしまうのである。そもそも、銀行に現れた犯人は、防疫関係者らしい服装をして、腕章をしていた。明らかに、犯人は見た目にも化けていたのである。これに、かつら（あるいは頭髪のペイント）・化粧といった本格的な変装が加わっていてもおかしくなかったのではないか。特捜本部における捜査員の意見聴取でも、捜査報告でも犯人が変装しているのではないか、という意見は『甲斐捜査手記』を見る限り、出ていない。だが、秘密戦関係者の供述の中には、変装に言及しているものが少なくないのである。

たとえば、四月一四日、〔小林・小川〕組は、九研第二科長だった山田桜から聴取しているが、その中で、山田は、九研の第二科の役割分担として

第二課　課長　山田桜
謀略器具の研究、変装用具、秘密通信インク
爆薬、謀殺薬（毒物で一部門でなって専門的に研究(8)）

としている。〔小林・小川〕組は、五月四日にも九研第二科第一班の雇員・月村鍛吉から次のようなことを聞き取っている。

〔小林・小川〕〔九研　月村鍛吉からの聴取：変装の専門家の存在（5月4日）〕
元九研第二課一班／白　雇　月村鍛吉　47
本人に面接　白毛一分色黒　細形／品のない顔　人相似てない
変相〔変装〕様の「カツラ」を作り傍ら伴少佐の／助手をしていた（親子四代のカツラ師で白書〔?〕見て／も判らぬくらいに作ったと云ふ）
本人から出たネタ〔中略〕
合成薬物の助手をしている傍ら／手品師であり変相をやっていた
変相は伴が中野学校へ連れて行き／変相の教材になっていた／（トリックの）〔中略〕
技術と変相が好いので九研に雇はれた／と云ふ／目下手品の「クラブ」にいるのではないか(9)

月村は、変装用のカツラ作りの専門家で、中野学校でカツラは変装の「教材」となっていたというのである。伴繁雄も、戦後の回想録の中で「登戸研究所の主要研究項目」として「変装法」を挙げており、その「研究項目」として「変装及扮装用具」を、「研究細目」として「顔面変装法　変装用被服　鬘《かつら》」、その「摘要」として「口髭、顎髭、頬髭、入歯　化粧用具等　携行用裏表両用服(10)」をあげている。こうした変装法の研究は九研であったが、実科教育（実践のテクニック）は中野学校でおこなわれた。その点について〔坂和・仲西〕組は、五月六日に中野学校実験隊の小松原大佐から次のように聞いている。

〔坂和・仲西〕〔中野学校　小松原道雄大佐からの聴取（5月6日）〕
帝銀に関係あれば私の方
青酸加里は素人にも出来る
変相〔変装〕は私の学校が一番問題
変相
黒を白には染められぬ
カツラを作った　半白のカツラ四分六／七分三分の白毛もある
教官見ると判るが一般人見ては絶対分らぬ(11)

小松原によれば、変装用のカツラには、「半白のカツラ　四分六〔分〕七分三分の白毛もある」「教官〔が〕見ると判るが一般人〔が〕見ては絶対分らぬ」としている。帝銀事件の「犯人」は短髪の胡麻塩（白毛交じり）と固く思い込まれているが、このような本格的な変装術を心得た人物が犯人であった場合、捜査の前提が崩壊する。

軍関係機関・部隊の捜査は、兵隊・下士官に四〇代以上はいない、としていずれも行き詰まった。

〔坂和・仲西〕〔中野学校　小松原道雄大佐からの聴取（5月7日）〕

（1）小松原少将

山本は二ヶ年校長（十八年―終戦迄）／川俣中将に聞けば判るとの事で／復員局にいた目下居所不明

中野校の本を見て色々聞いた

小松原の言付のと変らぬ

「カツラ」を冠《かぶ》れば別〔だが〕生徒には犯人はないと／断言出来る〔変相〔変装〕した場合年寄りになる〕

教官が関係、陸軍省からも来ている／教官は四十才位

軍属五、六人いた青酸加里を溶かしてやる事／は軍属でも出来る[12]

ここでも中野学校実験隊で、みずから教えていた小松原は、「『カツラ』を冠れば別〔だが〕生徒には犯人はないと断言出来る〔変相〔変装〕した場合年寄りになる〕」と言っている。特に、「変相〔変装〕した場合年寄りになる」という部分は重要であろう。「若すぎる」として多くの人物が容疑者から外されたが、カツラをかぶる等の変装がおこなわれていれば、犯人は捜査の網をすり抜けることが

できたということである。このほかにも、秘密戦関係者から変装の指摘は、捜査報告の中でもしばしば出てくる。

〔坂和・仲西〕組は、中野学校の教官だった入沢正義から次のようなことを聞いている。

〔坂和・仲西〕〔中野学校教官・入沢正義32からの聴取（5月20日）〕

〔元教官　少佐　入沢正義32〕

同人の言　中野校は本部衛生隊（教育と研究）

衛生隊長　鎌兼大佐／佐々木

校長　水島（亡）／川俣

実験隊長　小松原大佐

　五班に分かれている

第一班　潜行　謀略

第二班　偽変装（編）

第三班　宣伝

第四班　破壊

第五班　通信

入沢は第四班である　班長山本

四班入澤　少尉一人で教官三人
仮にやるなら第二班が該当／班長　越巻少佐[13]

中野学校実験隊の第四班の教官だった入沢は、「仮にやるなら第二班が該当」と言っているが、その第二班の専門分野は、「偽変装（騙）」であったのだ。

個人謀略部隊であった八六部隊の調査・捜査にあたった〔小林・小川〕組も次のように記録している。

〔小林・小川〕〔八六部隊＝個人謀略部隊情報（7月9日）〕
今井〔憲兵准尉今井嘉広〕の言
中野の憲兵隊の実験隊にいた当時／満州八六部隊／満州事変直後の創設／個人テロである
コックに化けたり男でも女に変相〔変装〕したり／して乗り込む
八六部隊の滝山少佐に聞けば判る[14]

陸軍憲兵学校実験隊にいた憲兵准尉今井嘉広は、八六部隊では、「男でも女に変相〔変装〕したりして乗り込む」としている。男性が女性に変装できるのであれば、同性の年輩者に化けるのは容易《たやす》いであろう。八六部隊の滝山に聞けば判ると今井は言っているが、変装のことを滝山は捜査員に話していない。
帝銀事件においては、犯人が短髪の胡麻塩であるということが見た目の決定的な特徴とされた。この点についても以下のような証言がある。これは、〔坂和・仲西〕組による第一復員省統計課少佐（当時は厚生省復員局）古井員正からの聴取であるが、古井は中野学校を出てビルマ方面に派遣された特務機関員であった人物である。

〔坂和・仲西〕〔中野学校関係者情報、変装のこと（5月14日）〕
〔第一復員省統計課少佐　古井員正からの聴取〕
中野学校は／変相〔変装〕術が眼目であり
丸薬は渡されていた（青酸加里）／使用書をつけて
胡麻塩に変相〔変装〕するのは訳けない
中野校で使ったペンキ絵の具で／出来る　どんな事でもやれる
生徒には四十才以上はいない（第一回生徒でも）／属では十二、三人いた
中野学校にいたら之の位の事は出来る(15)

中野学校出身者や特務機関員であれば、当然こうした変装術は身につけていただろう。「胡麻塩に変相〔変装〕するのは訳けない」とすれば、特捜本部を手玉にとることは容易いことであっただろ

う。特捜本部の捜査報告を見る限り、犯人が変装していたのではないかという前提で議論がされたことはないように思われる。毒物の扱い方がプロフェッショナルだという見方は、特捜本部でも共有されていたが、プロフェッショナルな変装については、まったくと言ってよいほど、警察側は対応できていなかったと言えるのである。

注

第一章

(1) 佐々木嘉信『刑事一代――平塚八兵衛の昭和事件史』(新潮文庫、二〇〇四年)、九六頁。
(2) 遠藤誠『帝銀事件の全貌と平沢貞通』(現代書館、二〇〇〇年)二五三～二五五頁。
(3) 成智英雄「平沢貞通〝無罪〟の確証」、前掲『帝銀事件の全貌と平沢貞通』、三六三頁。初出は、『新評』(新評社、一九六九年九月号)所収。
(4) 同前、三六五頁。
(5) 同前、三六七頁。
(6)『甲斐捜査手記』第一巻(平沢貞通弁護団所蔵)、一六二頁。
(7) 同前、一九一～一九二頁。
(8) 同前、一一四頁。
(9) 同前、二一三頁。
(10)『甲斐捜査手記』第二巻(平沢貞通弁護団所蔵)、一五二(一五五)～一五四(一五七)頁。頁数はPDFファイルの番号、( )内は原本記載の頁数(以下、同じ)。
(11)『甲斐捜査手記』第三巻(平沢貞通弁護団所蔵)、八九頁。
(12) 同前、一三六～一四五頁。
(13) 同前、一四五頁。

(14) 同前、一四六〜一四八頁。

第二章

(1)『甲斐捜査手記』第三巻(平沢貞通弁護団所蔵)、一五三〜一六四頁。
(2) 松野誠也「日本陸軍の化学兵器についての一考察——シアン化水素を充填した丸瓶『ちび』を事例に」日本科学史学会技術史分科会『技術史』第一三号、二〇一六年(二〇一七年五月刊)所収。
(3) 前掲『甲斐捜査手記』第三巻、一七八〜一八〇頁。
(4) 原剛・安岡昭男編『日本陸海軍事典コンパクト版』上(新人物往来社、二〇〇三年)五七頁。
(5) 岡沢正「告白的『航空化学戦』始末記」、「丸」編集部編『告白的「航空化学戦」始末記』(潮書房光人社NF文庫、二〇一二年)、四八〜五五頁。
(6)『甲斐捜査手記』別巻(平沢貞通弁護団所蔵)、三九〜四〇頁。
(7) 前掲『甲斐捜査手記』第三巻、一八八〜一九〇頁。
(8) 同前、一八六〜一八八頁。
(9) 同前、一九六〜一九七頁。
(10) 前掲『甲斐捜査手記』第三巻、一九四頁の三月一四日の条には、「本日休み 但し出勤者 坂和—加藤/須藤—上野/小林—仲西」とあるが、同一九七頁の三月一五日の条では、野々山から聴取したのは「鈴木 須藤 上野 大原」としている。
(11) 同前、一九八頁。

(12) 同前、一九八～二〇三頁。
(13) 同前、二四〇～二四二頁。
(14) 常石敬一『謀略のクロスロード――帝銀事件捜査と731部隊』(日本評論社、二〇〇二年)、九七頁。
(15)『甲斐捜査手記』第四巻(平沢貞通弁護団所蔵)、二三頁。
(16) 同前、六四～六六頁。
(17) 日本軍の毒ガス開発、日中戦争での使用については松野誠也『日本軍の毒ガス兵器』(凱風社、二〇〇五年)に依拠している。
(18) 前掲『甲斐捜査手記』第四巻、一三二頁。
(19)『甲斐捜査手記』第五巻(平沢貞通弁護団所蔵)、一六四～一六五頁。
(20) 同前、一五四頁。
(21)『甲斐捜査手記』第六巻(平沢貞通弁護団所蔵)、二八頁。
(22) 同前、九二～九三頁。
(23) 同前、一〇四頁。
(24) 同前、一一七～一一八頁。
(25) 同前、一六一頁。
(26) 前掲『甲斐捜査手記』第四巻、一二一～一三頁。
(27) 同前、二〇～二二頁。

(28)同前、三九〜四一頁。
(29)同前、六七頁。
(30)同前、一〇三〜一〇四頁。
(31)同前、一四九〜一五三頁。
(32)同前、二五九〜二六一頁。
(33)同前、二七六頁。
(34)同前、三〇九頁。
(35)『甲斐捜査手記』第八巻(平沢貞通弁護団所蔵)、一一二〜一一五頁。
(36)『甲斐捜査手記』別巻(平沢貞通弁護団所蔵)、二七九頁。

第三章

(1)『甲斐捜査手記』第二巻(平沢貞通弁護団所蔵)、六八頁。
(2)同前、一二七(一三〇)頁。( )内は原本に記載のページ数で、実際のページ数とはズレがある。以下同じ。
(3)『甲斐捜査手記』第三巻(平沢貞通弁護団所蔵)、二一八〜二一九頁。
(4)同前、二三二〜二三三頁。
(5)同前、二四三〜二四四頁。
(6)『甲斐捜査手記』第四巻(平沢貞通弁護団所蔵)、五五〜五七頁。

（7）同前、八六頁。
（8）同前、一五六頁。
（9）『甲斐捜査手記』別巻（平沢貞通弁護団所蔵）、八〇～八一頁。
（10）同前、八六頁。
（11）前掲『甲斐捜査手記』第四巻、二〇七～二〇九頁。
（12）同前、二一七頁。
（13）同前、二七九頁。
（14）同前、三〇一～三〇四頁。
（15）同前、三一一～三一三頁。
（16）『甲斐捜査手記』第五巻（平沢貞通弁護団所蔵）、一五二頁。
（17）同前、二五～二六頁。
（18）和多田進『新版　ドキュメント帝銀事件』（晩聲社、一九九四年）、二六九～二七〇頁。
（19）前掲『甲斐捜査手記』別巻、一一八～一一九頁。
（20）前掲『甲斐捜査手記』第五巻、九五～九六頁。
（21）同前、六九頁。
（22）同前、一二六～一二七頁。
（23）常石敬一『謀略のクロスロード――帝銀事件捜査と７３１部隊』（日本評論社、二〇〇二年）、一四二～一五六頁。

(24)前掲『甲斐捜査手記』第五巻、一三七〜一四〇頁。
(25)同前、七〇頁。
(26)『甲斐捜査手記』第六巻（平沢貞通弁護団所蔵）頁無八。第六巻にはページ数が飛んでいる個所が三カ所ある。この場合は、ページ数が飛んでいる最初の個所の八番目の紙を意味する。
(27)前掲『甲斐捜査手記』別巻、一四二頁。
(28)『甲斐捜査手記』第八巻、二八〜二九頁。
(29)同前、三八頁。
(30)前掲『甲斐捜査手記』第四巻、三一三頁。
(31)前掲『甲斐捜査手記』第五巻、一五頁。
(32)前掲『謀略のクロスロード——帝銀事件捜査と731部隊』一三七頁。
(33)前掲『甲斐捜査手記』第五巻、一四四〜一四五頁。
(34)前掲『甲斐捜査手記』第六巻、頁無八。なお、石井庄三郎は、七月二二日に〔須藤・向田〕組に対して、このように語っている。

　先に報告の　石井庄三郎
元ハルピン製粉工場の実験関係
特務機関の移転により／背広姿で二人来ていた
相手は十二人位　露西亜人
ブドウ酒の中に青酸加里を入れて呑ませた

前掲『甲斐捜査手記』第八巻、三九頁。
(35)同前、一四六頁。
(36)前掲『甲斐捜査手記』別巻、二四九頁。
(37)前掲『甲斐捜査手記』第六巻、頁無(3)(頁無しの三番目の個所)一九～二一。
(38)『甲斐捜査手記』第七巻(平沢貞通弁護団所蔵)、一八六～一八九頁。
(39)前掲『甲斐捜査手記』別巻、五～一五頁。
(40)同前、七頁。
(41)前掲『甲斐捜査手記』第六巻、頁無八。
(42)前掲『甲斐捜査手記』別巻、一四一頁。
(43)前掲『甲斐捜査手記』第六巻、八九～九一頁。
(44)同前、頁無(3)八。
(45)前掲『甲斐捜査手記』別巻、二一五～二一七頁。
(46)成智英雄「平沢貞通〝無罪〟の確証」、遠藤誠『帝銀事件の全貌と平沢貞通』(現代書館、二〇〇〇年)三六八頁。
(47)前掲『甲斐捜査手記』第六巻、一〇一頁。
(48)前掲『甲斐捜査手記』第七巻、二三八～二四〇頁。
(49)前掲『甲斐捜査手記』第四巻、一七〇～一七一頁。
(50)前掲『甲斐捜査手記』別巻、八八頁。

(51) 前掲『甲斐捜査手記』第四巻、二一二～二一三頁。
(52) 同前、二二一頁。
(53) 前掲『甲斐捜査手記』別巻、一〇一～一〇二頁。
(54) 前掲『甲斐捜査手記』第四巻、二二七～二三五頁。
(55) 同前、二九四～二九五頁。
(56) 帝銀事件の捜査にあたった平塚八兵衛刑事の評価。佐々木嘉信『刑事一代――平塚八兵衛の昭和事件史』(新潮文庫、二〇〇四年)、一四四頁。
(57) 前掲『甲斐捜査手記』第五巻、八八頁。
(58) 同前、一七三頁。
(59) 前掲『甲斐捜査手記』第六巻、五七～五八頁。
(60) 同前、七八～七九頁。
(61) 同前、一〇五～一〇六頁。
(62) 同前、頁無(3)一。
(63) 前掲『甲斐捜査手記』別巻、八八～八九頁。
(64) 前掲『甲斐捜査手記』第五巻、五八～六一頁。
(65) 同前、八〇～八一頁。
(66) 同前、一二四～一二五頁。
(67) 前掲『甲斐捜査手記』第六巻、七～八頁。

(68) 同前、三七〜三八頁。

第四章

(1) 『甲斐捜査手記』第四巻(平沢貞通弁護団所蔵)、九六〜一〇〇頁。
(2) 同前、一二〇〜一二三頁。
(3) 同前、一二八〜一二九頁。
(4) 同前、一七〇〜一七一頁。
(5) 『甲斐捜査手記』別巻(平沢貞通弁護団所蔵)、八八頁。
(6) 同前、九五〜九八頁。
(7) 第二科第六班の松川仁の回想。伴繁雄『陸軍登戸研究所の真実』(芙蓉書房出版、二〇〇一年)、八七〜八八頁。
(8) 第二科第七班の久葉昇の戦後におけるレポート。前掲『陸軍登戸研究所の真実』九七〜一〇四頁。
(9) 前掲『甲斐捜査手記』第四巻、二五一〜二五四頁。
(10) 『甲斐捜査手記』第五巻(平沢貞通弁護団所蔵)、一〜六頁。
(11) 同前、六〜七頁。
(12) 同前、八頁。
(13) 同前、八〜一〇頁。
(14) 同前、一二頁。

(15)同前、三三～三四頁。
(16)同前、三六～四三頁。
(17)同前、一二九～一三〇頁。
(18)常石敬一『謀略のクロスロード——帝銀事件捜査と731部隊』(日本評論社、二〇〇二年)、九〇頁。
(19)『甲斐捜査手記』第六巻(平沢貞通弁護団所蔵)、二六頁。
(20)同前、四一頁。
(21)『甲斐捜査手記』第七巻(平沢貞通弁護団所蔵)、一〇四～一〇七頁。
(22)前掲『甲斐捜査手記』第五巻、四四～四七頁。
(23)前掲『陸軍登戸研究所の真実』四〇～四二頁。著者の伴繁雄は、中野学校の兼任教官だった。
(24)前掲『甲斐捜査手記』第五巻、八九～九〇頁。
(25)同前、一三〇頁。
(26)同前、一五二～一五三頁。
(27)同前、一七四～一七六頁。
(28)前掲『甲斐捜査手記』第六巻、一四～一五頁。
(29)同前、二〇～二二頁。
(30)同前、三五頁。
(31)前掲『甲斐捜査手記』第四巻、一七二～一七六頁。

(32) 同前、一九〇～一九二頁。
(33) 同前、一九七～一九八頁。
(34) 同前、二一二～二一三頁。
(35) 前掲『甲斐捜査手記』第五巻、一四六～一四七頁。
(36) 前掲『甲斐捜査手記』第六巻、八一～八三頁。
(37) 同前、九四～九六頁。
(38)『甲斐捜査手記』第三巻（平沢貞通弁護団所蔵）、二四二～二四四頁。
(39) 前掲『甲斐捜査手記』第四巻、五六頁。
(40) 前掲『甲斐捜査手記』第七巻、一九七～一九八頁。
(41) 同前、二二七～二二九頁。
(42) 同前、二三六頁。
(43) 同前、二六三～二六七頁。
(44) 同前、二七二～二七五頁。
(45) 同前、二八四～二八五頁。
(46)『甲斐捜査手記』第八巻（平沢貞通弁護団所蔵）、三三一～三四頁。
(47) 同前、四二頁。
(48) 前掲『甲斐捜査手記』別巻、二四五～二四六頁。
(49) 前掲『甲斐捜査手記』第八巻、七七～七九頁。

(50) 前掲『甲斐捜査手記』別巻、二七一〜二七三頁。
(51) 前掲『甲斐捜査手記』第八巻、八九〜九一頁。
(52) 同前、一〇二〜一〇四頁。
(53) 同前、一一二〜一一五頁。
(54) 同前、一三六〜一三七頁。
(55) 同前、二一五〜二一七頁。

第五章

(1) 成智英雄「平沢貞通〝無罪〟の確証」、遠藤誠『帝銀事件の全貌と平沢貞通』(現代書館、二〇〇〇年) 三六五頁。初出は、『新評』(新評社、一九六九年九月号)。
(2) 一九四七年八月一日、米三省調整委員会極東小委員会はSFE一八八／二文書において日本の生物戦関係者の有するデータは、戦犯訴追よりはるかに重要で、戦犯訴追を避けることに利点があると決定した。常石敬一編訳『標的・イシイ』(大月書店、一九八四年) 四一六〜四一八頁。
(3)『甲斐捜査手記』別巻 (平沢貞通弁護団所蔵)、二四一〜二四二頁。
(4) 同前、二五五〜二五七頁。
(5)「伴繁雄手記 (手書き)」原本・明治大学平和教育登戸研究所資料館所蔵。
(6)『甲斐捜査手記』第八巻 (平沢貞通弁護団所蔵)、九八〜一〇〇頁。
(7)『甲斐捜査手記』第五巻 (平沢貞通弁護団所蔵)、二六〜二八頁。

（8）前掲『甲斐捜査手記』別巻、九六頁。
（9）前掲『甲斐捜査手記』第五巻、七二〜七三頁。
（10）伴繁雄『陸軍登戸研究所の真実』（芙蓉書房出版、二〇〇一年）、二九頁。
（11）前掲『甲斐捜査手記』第五巻、八九〜九一頁。
（12）同前、九五〜九六頁。
（13）『甲斐捜査手記』第六巻（平沢貞通弁護団所蔵）、二〇〜二二頁。
（14）『甲斐捜査手記』第七巻（平沢貞通弁護団所蔵）、二三六頁。
（15）前掲『甲斐捜査手記』第五巻、一五七〜一五八頁。

あとがき

帝銀事件という一九四八年一月に起きた史上まれな大量殺人事件は、犯罪史上では有名であり、その冤罪性ということでも繰り返し注目されてきた。しかし、翌年におきた下山事件・三鷹事件・松川事件が常に、占領政策の転換という政治史の文脈で語られるのに対して、帝銀事件は政治と結びつけて論じられることは、GHQからの捜査介入の問題以外にはあまりなかった。

今回、『甲斐捜査手記』という警察の内部資料を分析することで、帝銀事件と同時並行で、日本の秘密戦にかかわった人びとに対する免責措置がGHQによってとられていたことが確認できた。そして、この免責措置は、米軍による秘密戦データの独占を意味し、データ提供者を米軍が庇護するかわりに、警察に対しても旧軍の秘密を話すなという、関係者への圧力となって現れた。帝銀事件の軍関係への捜査は、旧軍関係者の協力なくしては不可能なものであり、旧軍関係者の多くが口をつぐんだり、「戦友」や「上官」「部下」を守ろうとし始めると、とたんに捜査は壁にぶつかってしまうのである。本書でも、石井四郎と捜査員との関係を検討したが、軍の秘密を明らかにしようとして、かえって捜査する側が旧軍人に依存してしまう、旧軍人が影響力を行使して、捜査の流れをコントロールしてしまうということがあった。また、こうした秘密戦関係者を助けるとともに口をつぐませる圧力は、ＧＨＱの意向を忖度した有末精三らの旧軍人有力者によってもかけられていたのである。

一九四八年は、極東国際軍事裁判でＡ級戦犯に対する判決が出された年である。横浜やアジア各地ではＢＣ級戦犯の裁判がまだ継続しており、捕虜殺害・一般住民殺害の廉《かど》で死刑判決をうけた人びとが多数存在していた。だが、その一方で、まさに同じ時期に、同じ残虐行為にかかわりながらも、米軍によって免責された人びとがいたのである。戦犯裁判は、日本の民主化・非軍事化のための占領政策の一環としておこなわれたものであるが、一方で捕虜や市民を殺害した人を死刑に処し、他方でそれと同じ、あるいはそれ以上の組織的な残虐行為をあえてした人を免責し、その身柄を保護するというダブルスタンダードは、占領政策の転換という地滑りがこの時期に始まったことを示している。そのように考えると、帝銀事件とその捜査、裁判というのは、まさに政治的な力学に翻弄されたものであり、平沢貞通はその最大の犠牲者だったと言える。

＊　＊　＊

本書を書き終えてみると、達成感と同時に、本当にこれでよかったのかという思いもある。通常、歴史学の研究や著作というものは、公開された資料にもとづくことが原則である。本書では細かく出典注をつけたが、読者はこれらを原本にまでさかのぼって確認することが現時点では不可能である。

私のデータの処理の仕方や資料引用、資料の解釈が妥当なのかどうかは、他者によって検証されることで初めて評価をうける資格が生ずると言ってよい。原本が一般に公開されていない現状では、なるべく原資料を細分化しないで提示するほかなく、結果として資料引用が長く、また引用数も多くならざるをえなかった。また、原資料が、鉛筆による走り書きで、文が完結していなかったり、誤字や誤記、欠落や繰り返しがしばしば見られ、読者に多大な苦労を強いていることはたいへん申し訳ないところである。

＊　＊　＊

私が帝銀事件と日本の秘密戦との関係に意識的に取り組むようになったのは、二〇一八年のことである。この年は、帝銀事件から七〇年にあたるということで、私が館長をつとめる明治大学平和教育登戸研究所資料館で《帝銀事件と登戸研究所――捜査手記から明らかになる旧日本陸軍の毒物研究》と題する企画展が開催された。この企画展の最大の目玉は、『甲斐捜査手記』の現物展示であった。平沢貞通再審弁護団と「帝銀事件再審をめざす会」の全面的な協力のもとにこの企画展は成功裏におわった。企画展の展示を作成する過程で、資料館のアドバイザーである渡辺賢二氏と学芸員の塚本百合子・椎名真帆・畠山典子の三氏はたいへんな努力の末に『甲斐捜査手記』を読み解いた。本書で紹介した資料のいくつかは、このときに四氏が注目したもので、この企画展がなかったならば、本書は生まれなかっただろう。そして、なんといっても『甲斐捜査手記』の原本とPDFデータの閲覧を許可してくださった平沢貞通再審弁護団の一瀬敬一郎弁護士にあつく御礼申し上げたい。

なお、本書の執筆にあたっては、新日本出版社の田所稔氏にたいへんお世話になった。末筆ながら御礼申し上げたい。

帝銀事件捜査・裁判年表

1947・10・14		品川区の安田銀行荏原支店で類似未遂事件発生（遺留品「松井蔚」名刺）
1948・1・19		新宿区の三菱銀行中井支店で類似未遂事件発生（遺留品「山口二郎」名刺）
1・26		豊島区の帝国銀行椎名町支店で事件発生（行員ら12名死亡、現金16万円と小切手1枚盗難）
		捜査本部会議で捜査員の第1回意見聴取
27		板橋区の安田銀行板橋支店で帝銀の小切手交換
1・29		捜査2課の成智英雄警部、刑事部長の特命により松井蔚を取り調べる。
2・1		藤田次郎刑事部長、成智英雄に軍関係を対象とする秘密捜査班の編成を特命。
2・2		捜査本部会議で捜査員の第2回意見聴取
2・9		捜査本部会議で捜査員の第3回意見聴取
16		居木井警部補、陸軍の研究機関（科研・六研等・衛生材料廠など）について報告
3・8		捜査本部会議で捜査員の第4回意見聴取
3・9		「陸軍化学兵器研究所」（習志野学校）についての報告
3・29		捜査員、元100部隊井田と九研川島から聴取、旧日本軍の残虐行為が具体的に明るみに
4・14		捜査本部会議で捜査員の第5回意見聴取
6・12		名刺捜査班、小樽のテンペラ画家・平沢貞通を事情聴取

	6・25	藤田刑事部長、軍関係者及び特務機関員、憲兵等を捜査の重点にするように指示
	8・21	名刺捜査斑、平沢貞通逮捕
	23	警視庁での取り調べ始まる
	26	高木一検事による取り調べ始まる
	9・3	別件「日本堂事件」で私文書偽造同行使で起訴
	23	平沢「自白」を始める
	10・8	拘置所に移送
	12	帝銀事件の強盗殺人、安田銀行と三菱銀行の強盗殺人未遂で起訴
	12・12	東京地裁第1回公判、平沢全面否認
1949・	5・1	60回の公判をへて結審
1950・	7・24	東京地裁で死刑判決
1951・	9・29	東京高裁で控訴棄却（死刑）判決
1955・	4・6	最高裁で控訴棄却（死刑）判決
	4・14	最高裁判決に対する異議申立
	5・7	最高裁、異議申立棄却、死刑判決が確定

出典：遠藤誠『帝銀事件の全貌と平沢貞通』（現代書館、二〇〇〇年）および『甲斐捜査手記』第三巻・第四巻・別巻（平沢貞通弁護団所蔵）、第二〇次再審請求書などより山田朗作成。

山田 朗（やまだ あきら）
1956年、大阪府生まれ。
明治大学文学部教授、平和教育登戸研究所資料館長。
主な著書
『昭和天皇の戦争指導』（昭和出版、1990年）『大元帥・昭和天皇』（新日本出版社、1994年）『軍備拡張の近代史』（吉川弘文館、1997年）『外交資料 近代日本の膨張と侵略』（編、新日本出版社、1997年）『昭和天皇の軍事思想と戦略』（校倉書房、2002年）『大本営陸軍部上奏関係資料』（共編、現代史料出版、2005年）『歴史教育と歴史研究をつなぐ』（編、岩波書店、2007年）『歴史認識問題の原点・東京裁判』（編著、学習の友社、2008年）『世界史の中の日露戦争』（吉川弘文館、2009年）『これだけは知っておきたい日露戦争の真実』（高文研、2010年）『陸軍登戸研究所〈秘密戦〉の世界』（編、明治大学出版会、2012年）『日本は過去とどう向き合ってきたか』（高文研、2013年）『兵士たちの戦場』（岩波書店、2015年）『近代日本軍事力の研究』（校倉書房、2015年）『昭和天皇の戦争』（岩波書店、2017年）『日本の戦争：歴史認識と戦争責任』（2017年）『日本の戦争Ⅱ：暴走の本質』（2018年）『日本近現代史を読む　増補改訂版』（共著、2019年）『日本の戦争Ⅲ：天皇と戦争責任』（2019年）〔ともに新日本出版社〕など多数。

帝銀事件《ていぎんじけん》と日本《にほん》の秘密戦《ひみつせん》

2020年7月20日　初　版
2021年3月15日　第2刷

著　者　山　田　　朗
発行者　田　所　　稔

郵便番号　151-0051　東京都渋谷区千駄ヶ谷4-25-6
発行所　株式会社　新日本出版社
電話　03（3423）8402（営業）
03（3423）9323（編集）
info@shinnihon-net.co.jp
www.shinnihon-net.co.jp
振替番号　00130-0-13681

印刷　亨有堂印刷所　　製本　小泉製本

落丁・乱丁がありましたらおとりかえいたします。

ISBN978-4-406-06482-8 C0021　Printed in Japan